Rlung Rta
ルンタ

竹沢うるま
Uruma Takezawa

浚風　—さらいのかぜ—

降り積もった雪などを吹き払う風。
ものを吹きさらってしまう風。

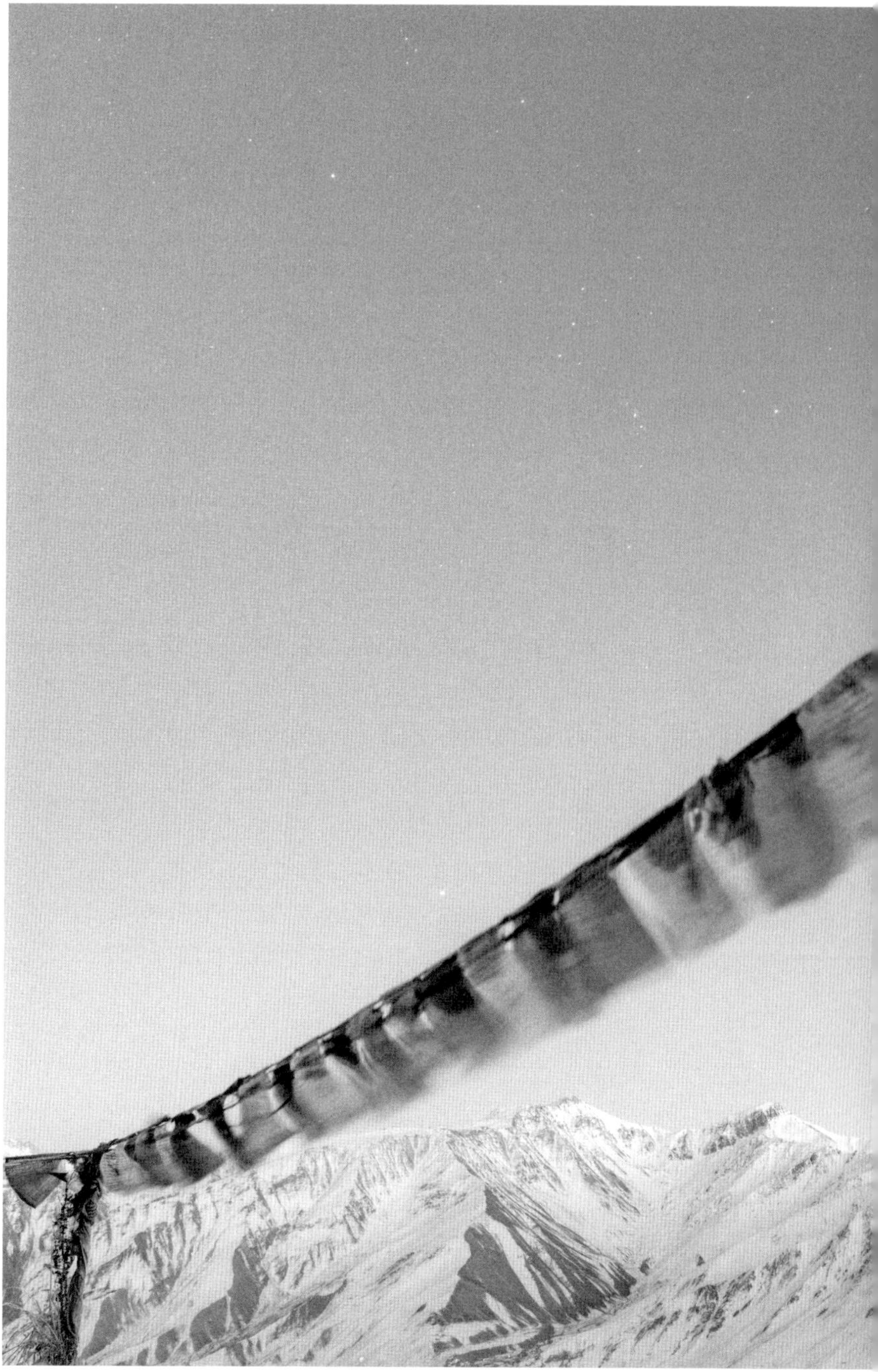

目次

序章

春の花

ふとしたときに記憶が蘇ることがある。

無機質なビルの谷間を流れる春の風に微かな花の香りを感じたときや、満員電車に充満する不快な密度を保った空気が肌を覆ったとき。目の前を過ぎ去るバスのエンジンが生み出す空気の振動を感じたときや、港に近い小さな部屋でふと早朝に目覚め、出航の汽笛を耳にしたとき。かつての旅の記憶が鮮やかに蘇る。

それは何の脈絡もなく無数の記憶がたゆたう海の底から浮かび上がってくる。一体どこにあったのだろうかという記憶が、ぱっと閃光のように脳内を走る。

西アフリカで泊まっていた宿の近くにある粗末な屋台で飲んだミルクティーの甘さだったり、ルワンダとブルンジとの国境近くでいまにも壊れそうなバスのなかから眺めていた車窓の風景だったり、グアテマラの市場で写真を撮っていたときに投げつけられたオレンジの匂いだったり。それらはまるで、その場に舞い戻ったかのような緻密なリアリティを伴っている。

そんなとき、私は束の間の旅に出る。

浮かび上がってきた記憶の断片を頼りに、かつての旅路を辿る。記憶の切れ端をしっかりと掴んで引き上げる。途切れないように丁寧に意識を集中すると、視界は消え、音は消滅し、記憶のビジョンだけが私の世界になる。

薄暗い海の底に沈む記憶たち。初めは何もなく鏡のように凪いだ水面にわずかばかりの波紋が生まれたかと思えば、ゆっくりと淡い陰影が浮かび上がり、やがて忘れ去られた記憶が海底からゆらゆらゆらと浮上してくる。私は腕を伸ばし記憶を手に取り、観察する。それが旅のどのパーツなのか。記憶の断片を手のひらに載せて心を静めると、旅の空気が私を包み込む。記憶のサルベージである。しかし、それは自発的に行うことができない。何かしらのきっかけが必要なのだ。それがどこにあるのかは自分でもわからない。あるときは大事な仕事の打ち合わせをしているときに、あるときは食事中に、またあるときはふと夜中に目が覚めた瞬間に。

私が記憶を呼び起こすのではなく、記憶が私を呼ぶのである。

ある冬の寒い日。雪が降った。

雪は音もなく、鈍色《にびいろ》の空から滲み出るように現れた。

私はその頃の常として、することもなく、ただ漫然と時間を過ごしていた。すべてに対してやる気がなく、日々、惰性で生きていた。この日もいつものように自宅の居間に吊したハンモックに寝転んでいると、雪が舞い落ちてきたのだった。

雪はすべての色彩の存在を否定しているかのように白かった。

庭の枯れた木々にも、家屋の屋根にも、外に置きっ放しになっている芝刈り機や、物干し竿にも分け隔てなく、世界のすべてに対して平等に雪は降り積もった。世界が徐々に白く塗りつぶされていく。その様子を、私は眺めた。

そのとき、脳内に記憶の閃光が走った。

鼓動がはやくなり、落ち着かなくなった。

そのとき、記憶に蘇ったのは、血に染まる雪だった。

東チベットの高地。薄く広がる湿った雪。その一部が泥と血で滲んで、赤黒く染まっている。その脇でうずくまるチベット族の青年の姿。


二〇一〇年から二〇一二年にかけて、私は長い旅をしていた。それは一〇二一日かけて一〇三カ国を巡る旅だった。何も初めからそんなに長く旅をするつもりはなかった。ただふらふらと旅を続けていると、いつのまにか三年近くの時間が過ぎ去っていただけの話である。訪れた国の数も、旅を終えてから数えてみて一〇〇を超えていることを知ったぐらいだ。

その旅は私に大きな変革をもたらした。世界が広がり、多様な心の流れを知り、そして未知なる自分を多く見出した。自分の人生にとって、最も大きな出来事を挙げろと言われれば、私はこの世に生を受けたことと、この旅を挙げるだろう。前者は与えられたものであり、後者は自らが生み出したものである。

その旅の最後、東チベットを訪れた。南米、中東、アフリカを旅し、ユーラシア大陸の最西端から一路、東へとバスと列車を乗り継いで日本へと向かっている途中だった。

私は旅の目標を何も設定していなかった。自分が納得したときが旅を終えるときだと思っていた。そのためずるずると長くなってしまったのだが、地理的に日本まで急いで移動すれば一週間で帰れるという場所まで来ると、果たして自分は納得しているのかどうかがわからなくなった。ユーラシア大陸を東へと移動しながら、何度も自問自答したが、旅を終えるべきかどうかの答えは見つからなかった。毎晩眠れず、腹が背にくっつくような痛みを常に胃に抱えるようになっていった。

そんなとき、予期せず東チベットに行くことになった。いわゆる東チベットは中国の四川省から青海省にかけて広がる地域で、チベット自治区の外側にある。面倒な許可申請などが必要なく、比較的容易に行くことができる。しかし、政治的に不安定な場所で、多くの検問所があるなど、常に公安の監視があり、ストレスの多い旅となった。

中国政府に抗議するチベット仏教の僧による焼身自殺が多発したり、私自身も公安に捕まったり、東チベットでの日々はひとときも気が休まることがなかった。しかし、それ以上にチベット仏教徒たちの巡礼の地であることの魅力は、旅人の心を鷲摑みにした。

二週間ほど滞在したのち、私は東チベットを去ることにした。そして、最後の検問所に差し掛かったとき、それは起こった。

私がこのとき出会ったのは、それまで見たこともなければ、想像もしたこともなかった暴力の瞬間だった。

検問所を通り過ぎるとき、係官が身分証明書の提示を求めて手を伸ばしてきた。そして、その手はするすると伸び、同乗していたチベット族の青年を突然車から引きずり降ろすと殴り始めた。青年はなすすべもなく、地面に体を伏せ、じっと暴力に耐えていた。どろりとした血が、薄く雪に覆われた地面に滴り落ちた。


自宅から眺めていた雪が私に思い出させたのは、そのときの光景だった。


自宅の窓の外に降る雪は、私にささやく。

おまえはあのとき、どうして車を飛び出さなかった。

なぜ、暴力を止めなかったのだ。

車の奥にいて外に出られなかったというのは言い訳ではないのか。

ただ怖かっただけではないのか。

青年が暴力を受け無抵抗でうずくまる姿を見た。

そこに祈りの深さを感じ、旅を終える決意をした。

しかし、ただ旅を終えるきっかけなら何でも良かったのではないのか。

旅を続けることに飽いただけではないのか。

雪は白ければ白いほど、多くの問いを私に投げかけてきた。

その多くに、私は答えることができなかった。

私はただ、雪によって世界が白く染められていくのを眺めるだけだった。


それからしばらくして、桜の花が咲き、春が訪れた。

風が吹き、ガラス細工のような繊細な花びらが舞い散る。毎年繰り返される春の儀式。

この春、散歩をよくした。

雨が降ると風景が湿り、気温が少しずつ高くなっていく。地面に控えめな色の桜の花びらがまだらに覆っていくにつれて本格的な春が近くなっていく。まるでそこから春が育ち、広がっていくような気がした。

私は春の気配を探しながら家の近くを歩き、ひとつひとつに立ち止まり、眺め、また歩いた。その繰り返し。

私はいまだにどこへも向かわず、動けずにいた。


ある夕方、雨が止むと散歩に出掛けた。

私は自宅の南側に広がる海ではなく、反対側の山を歩くことを好んだ。この日も、山を散策した。

ふと、民家の軒先に石楠花《しゃくなげ》の花が咲いているのを見つけた。控えめの淡い赤色がぽつんと浮かんでいる。人間の起源を遡っていくとヒマラヤに咲く一輪の石楠花の花に辿り着く、という話をどこかで聞いたことがあるが、果たして本当なのだろうか。目の前の花は、もしかしたら誰かの生まれ変わりなのかもしれず、またどこかで私自身と繋がっているのかもしれない。

夕暮れに淡く輝く花は、血に染まる雪のように見えた。それが春の風に揺れていた。

かつてヒマラヤ山脈を旅したとき、この身を厳しく、ときに慈悲深く包み込んだ風を思い出した。

風は、私の心の隙間から吹き込み、心の水面に小さな波紋を生み出した。

日が暮れる頃、森を抜けて家路についた。

あたりはすでに暗く、木々の向こうに家々の明かりが灯っていた。それはかつてどこかで訪れたことのある山奥の小さな村に見えた。私は立ち止まり、それが一体どこだったか思い出そうとした。しかし、風景が闇に沈んでいくように、記憶の輪郭も曖昧になっていき、いつまで経っても思い出すことができなかった。

夜の帳《とばり》の下で、淡い桜の花に彩られた森の緑のモザイク模様が消えていった。

私は、再び旅に出ることにした。

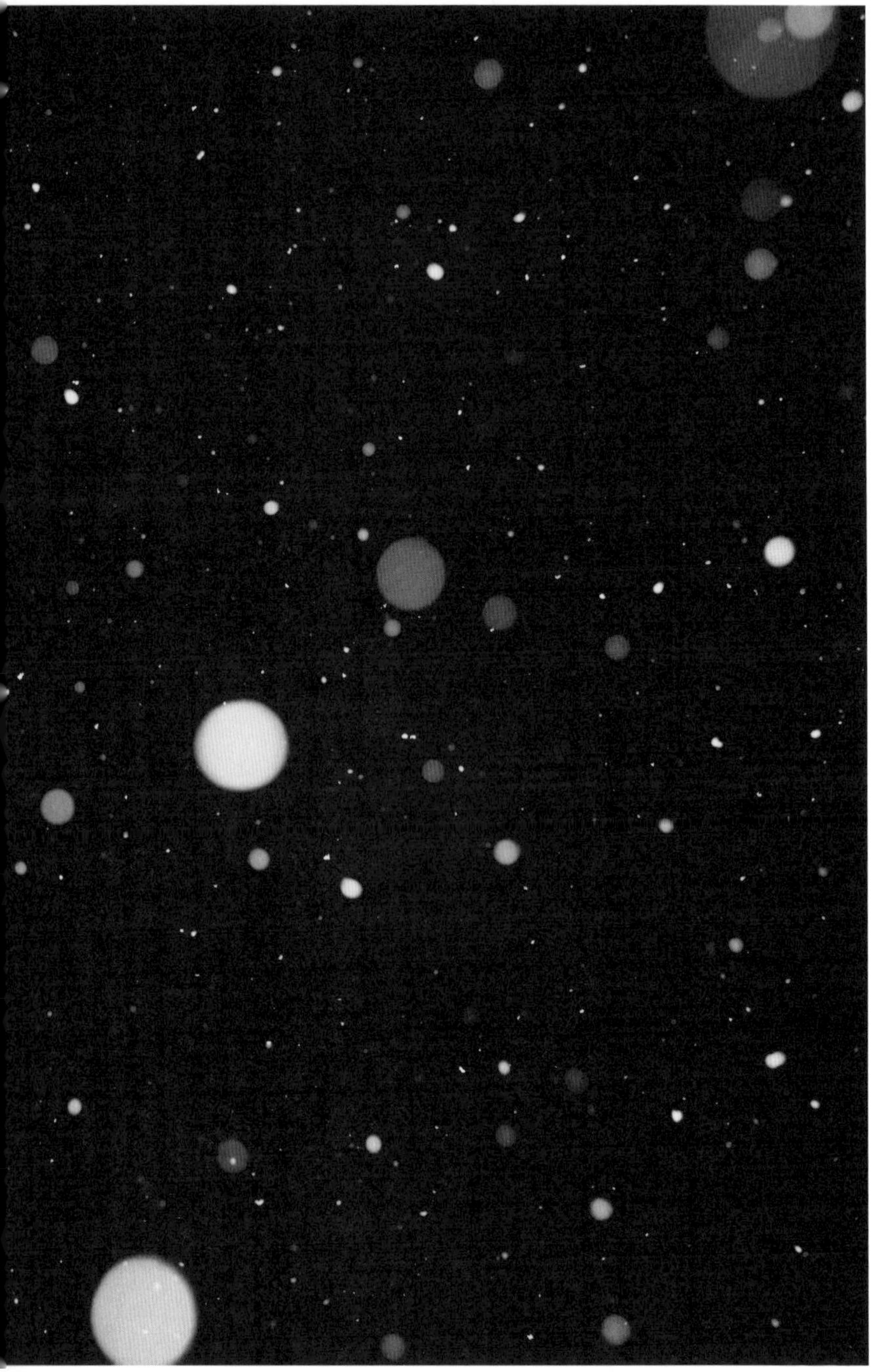

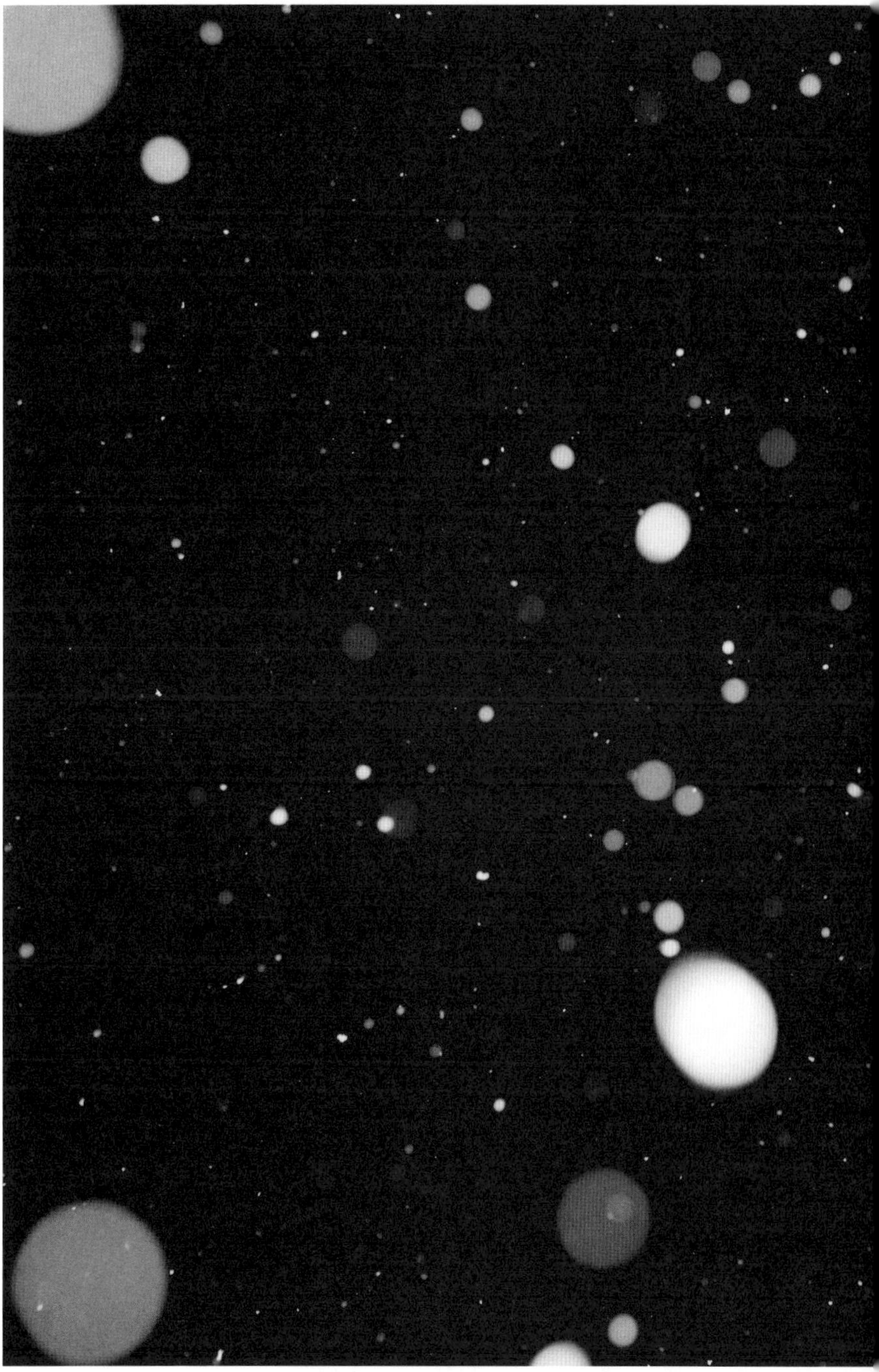

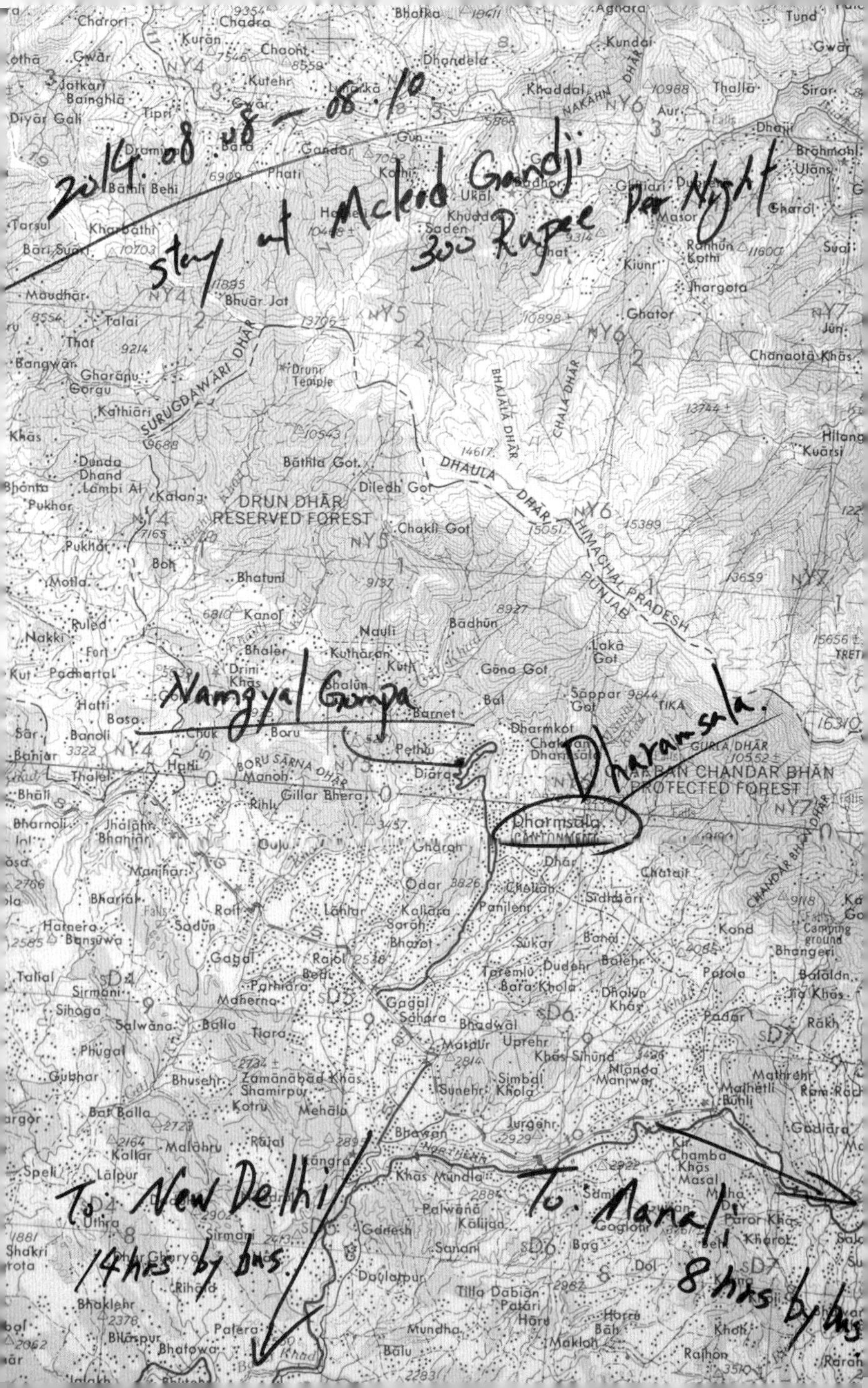

2014.08.08 — 08.10.
stay at Mcleod Gandji
300 Rupee per Night
Namgyal Gompa
Dharamsala.
To. New Delhi
14hrs by bus.
To. Manali
8 hrs by bus
DHAULA DHĀR
HIMACHAL PRADESH
PUNJAB
DRUN DHĀR RESERVED FOREST
SURUGDAWĀRI DHĀR
BHAJALĀ DHĀR
CHALA DHĀR
BORU SĀRNA DHĀR
GURLA DHĀR
CHARAN CHANDAR BHĀN PROTECTED FOREST
CHANDAR BHAN DHĀR
NAKAHN DHĀR
Dharmsala
CANTONMENT
Dharmkot
Drun Temple
Bhuār Jot
Bāthla Got.
Diledh Got
Chakli Got
Kuthāran
Gona Got
Lakā Got
Sāppar Got
Dharamkot
Kanol
Bhaler
Drini Khās
Bhatuni
Badhūn
Nauli
Barnet
Pethu
Diāra
Manoh
Gillar Bhera
Ghāroh
Odar
Kaliāra
Sarāh
Bharot
Rajol
Gagal
Sahāra
Matour
Uprehr
Simbal Khola
Sunehr
Zamānābād Khās
Shamirpur
Kotru
Mehālo
Rūtal
Kāngra
Bhawan
Khās Mundla
Palwānā
Kalijan
Ganesh
Sanani
Daulatpur
Tilla Dabian
Patāri
Hāru
Mundha
Bālu
Makloh
Horru
Bāh
Khoh
Rajhon
Sirmāni
Sihaga
Salwāna
Balla
Tiara
Phugal
Gubhar
Bhusehr
Bat Balla
Kallar
Malāhru
Lālpur
Speli
Uthra
Sirmani
Rihāra
Bhaklehr
Bilāspur
Bhatowa
Patera
Chamba
Khās
Masal
Gogloh
Bag
Dol
Paror Khās
Kharot
Mathetli
Buhli
Gadiāra
Potola
Balaldn
Tia Khās
Rākh
Padar
Bangeri
Kond
Camping ground
Chatail
Sidhbāri
Banoi
Balehr
Dudehr
Taremlū
Bara Khola
Dhaloun Khās
Miānda
Manjwar
Khās Sihūnd
Bhadwāl
Panjlehr
Sukar
Cholian
Dhār
Lāhlar
Rait
Sadūn
Hamera
Bansuwa
Talial
Manjhar
Bhariāl
Jhalahr
Bhanjār
Dulu
Rihlu
Thalel
Bhāli
Bharnoli
Hatti
Basa
Banoli
Chuk
Boru
Padhartal
Nakki
Fort
Kut
Ruled
Motla
Pukhar
Boh
Kalang
Lambi Al
Dhand
Dunda
Kathiāri
Gharānu
Gorgu
Bangwān
Thāt
Talai
Maudhār
Bāri Suāri
Kharbathi
Tarsul
Bāthli Behi
Phati
Gandar
Kothi
Ukal
Khuddar
Saden
Ghat
Kiunr
Masor
Ranhun Kothi
Jhargota
Ghator
Chanaotā Khās
Jūn
Hilang
Kuārsi
Sual
Gharol
Brāhmahl
Ulāns
Dhaji
Sirar
Thalla
Aur
Khaddal
Kundal
Dhandela
Gun
Kutehr
Gwār
Chaont
Kurān
Chadra
Charori
Jatkari
Bainghlā
Tipri
Diyār Gali
Bhatka
Aghara
Tund

第Ⅰ章

森の雨

夜明け前、雨の音で目が覚めた。

デリーから乗ったおんぼろバスは、いまにも空中分解しそうな軋んだ音をたてながら、真っ暗な山道を走っていた。

右へ左へと、急カーブが暗闇から突然現れ、バスは減速することなく走り抜ける。車体が大きく揺れ、そのたびに体と荷物が揺れる。窓ガラスには水が滴り、バスの屋根を叩く雨の音が狭い車内に響く。他の乗客たちは深い眠りのなかに留まっており、雨を眺めているのは私と初老の運転手だけだった。

八月のインドは雨季である。途方もないぐらいの雨が降る。私を乗せたバスは、まさにその途方もない雨のなかをひたすら爆走していた。

再び旅をしようと決意し日本を旅立ったが、これでは最初の目的地に着く前に事故に遭って帰国することになりそうだなと思った。インドのローカルバスにありがちなのだが、とにかく猛烈に飛ばす。白髪交じりのドライバーは雨が降ると興奮するのか、どうも雨が降ってからのほうが速度が上がっているような気がする。その様子に危険を感じながらも、懐かしさが込み上げてくる。かつて三年近く旅していたときはこのような移動の繰り返しだった。私は準備体操もなしにいきなり旅の世界に戻ってきたような心持ちで車窓を叩く雨を眺めた。

バスはなんとか無事に目的地のダラムサラに到着した。雨はまだ強く降り続いていたが、少しずつあたりが明るくなり始めた。目の前は青白い霧に包まれて何も見えない。横殴りの風が吹くと、霧が揺らいでぱっと視界が開け、ヒマラヤ杉に覆われた山の稜線が見え隠れした。

街なかはまだ朝が早いために静まりかえっていたが、よく見ると生活の息吹がそこかしこに感じられた。

粗末な小屋で痩せた男がチャイを沸かすためにコンロに火をつけ、巡礼をする人々の静かな足音が朝靄のなかに響く。手に仏具のひとつであるマニ車を持った老婆が祈りの言葉をつぶやきながら現れ、犬が雨に濡れて路地でうずくまっていた。

思えばこの数年間、私の視界はずっと霞んでいたような気がする。

Walkaboutと名付けた三年にわたる旅を終えて久しぶりに日本で過ごす時間は、何をするにしても、何を見るにしても新鮮で、旅と同じくらい刺激的な日々であった。毎日眠る場所があり、移動をしなくてもよいということは私に大きな安らぎを与えてくれた。しかし、徐々に日本での生活に慣れてくるのと同時に、心の視界は霞んでいった。

時間を経るに従って旅の記憶は薄れていった。蘇るのは時折、何かの拍子でフラッシュバックする断片的なものばかりになっていった。旅の間は世界のどこにいても世界各地のことを想像でき、頭のなかでどこまでも旅路を辿っていくことができたが、日本にいると徐々に道が分断され、想像ができなくなっていった。

しかし、ある記憶だけは、どれだけ時間が経っても薄れることがなかった。それが東チベットでの出来事だった。

それは長い旅の終わらせ方がわからず、胃に穴が空きそうなぐらい思い悩んでいた私に、旅の終わりを告げる出来事であった。私はチベット族の青年が無抵抗のままに殴られる姿を目にし、もうこれ以上旅を続けたとしても、この瞬間以上に心が大きく揺さぶられる出会いはないだろうと悟ったのだった。そして数週間後、三年ぶりに日本に帰った。

旅の最後、私はきちんと納得して日本に戻ってきたはずだった。しかし、帰国後しばらくすると、東チベットでの記憶が澱となり心の流れを阻害していた。そのため、私は何かをやり残したような気がして前に進むことができずにいたのだった。

日本で過ごす日々のなかで、幾度となく東チベットでの旅のことを反芻し、自身があのとき気づくことができなかった何かを探ろうとした。しかし、記憶はいつも検問所のところで淀んだ。チベット族の青年が公安に殴られ、血を流していた検問所。

日本から向かえば、二日もあれば中国四川省にあるその検問所に行くことができる。その気になれば、すぐにでも行くことができる。行けば、何かが動き出すかもしれない。しかし、あの暴力の現場に戻るということは、私にとってそう簡単な作業ではなかった。すぐにその場へと向かう勇気がなかったというのが正直なところかもしれない。

そこで、私はインドのダラムサラを皮切りにチベット文化圏を巡ることにした。インド、ネパール、中国、ブータンなどに点在するチベット仏教を信じる人々が暮らす地域を旅する。そして最後に東チベットを訪れる。その間に気持ちと記憶を整理する。

チベット仏教徒は、信仰の対象を時計回りに廻り、祈りを捧げる。最大の聖地であるカイラス山を巡礼する際、巡礼者は山の外周を時計回りに廻って祈りを捧げる。それは「コルラ」と呼ばれている。チベット語で「コル」は廻る、「ラ」は峠を意味する。山に限らず、寺院なども同じである。参拝者は必ず時計回りにコルラをする。そうすることによって、より大きな祈りを捧げることができるとされている。

私が巡るのは記憶である。検問所での記憶を中心に、チベット文化圏をコルラする。その果てに、私は再び、検問所を目指そうとした。

ここに語るのは、その巡礼の旅に似た、私の記憶を巡る旅の話である。手に汗握るような活劇でもなければ、好奇心をそそるような冒険譚でもない。ましてや、甘く切ない恋の話も出てこない。ただただ何度も自問自答をしながら、歩き続けるだけの旅である。

記憶はやがて深い海の底に沈み、浮かび上がることをやめる。心のなかの動きや感情などはモヤモヤとした実体のない潮の流れのように、そこに確かに存在しながらも、消えるときはまるで初めからなかったかのように跡形もなく消えてしまう。その前に、記憶に確たる形を与え、残すために、ここに旅の話を記すことにした。

ダラムサラは標高二〇〇〇メートルほどの山に広がるヒマラヤ杉の森に囲まれた小さな街である。かつてイギリス統治時代、避暑地としてイギリス人が多く滞在していたが、一九五六年のチベット動乱、その後のチベット仏教における指導者であるダライ・ラマ一四世のインド亡命以降、この地にチベット亡命政府が置かれることになった。それは現在も続いている。

街の中心部には細い路地がいくつか走り、左右にチベットの装飾品などを売る土産物屋、インターネットカフェや、チベット料理のこぢんまりした食堂、ツーリスト向けの宿泊施設などが雑多に並んでいる。ここに亡命政権があるといったような雰囲気は特に感じられず、人々の日常と生活感に満ちている。しかし、ふと角を曲がるとそこに小さな僧院があり、恍惚の表情でコルラしている巡礼者を見かけたりすると、ここはチベット族の祈りが根付く場所なのだということを改めて実感する。

街には独特の甘い匂いが漂っていた。それは人の匂いかもしれないし、僧院から漏れ出る香の匂いかもしれないし、側溝に溜まる溝水の匂いかもしれない。それらが重なり合うと、なんとも言えない懐かしい旅の匂いがするのだ。私は久しぶりに感じる匂いに、心の奥底で眠っていた旅の感覚が少しずつ目覚めていくような気がした。

ダラムサラの中心であり、ダライ・ラマ一四世が居を構える公邸があるナムギャル僧院まで歩いた。それは街を少し下ったところにあり、場所がわからなくても、臙脂《えんじ》色の袈裟《けさ》を着た僧たちが歩く方向についていくと到着することができる。

中庭で僧たちが問答修行をしていた。ふたり一組で行われるこの問答は、ひとりが立ったまま問いを投げかけ、座っている僧が答える。立っている僧は大きく手を広げ、足を踏み出し手を打ち鳴らしながら問いを投げかける。それに対して、座っている僧は即座に一言で答えを返す。

例えば、「森とは何だ?」と投げかける。すると「樹の集まりである」という答えを返す。今度は「では樹とは何だ?」と問い、「樹とは自然の一部である」と答える。「では自然とは?」、さらに「宇宙とは?」「存在とは?」「私とは?」と、問いはどこまでも深く掘り下げられていく。問われた僧は即座に答えていく。そして、問答の末に最終的に出てきた答えは限りなく無駄を削ぎ落とされた真理に近いものとなる。

数十組の僧たちが問答をしている。天に腕をかざし、勢いよく足を踏み出す。これでどうだと言わんばかりの勢いで問いを投げかける。座っている僧はその難解な問いに動じず、間髪容れずに答える。そしてまた大きな動作とともに次の問いが与えられる。チベット語で行われているので、何を話しているのかはわからないが、それでも、その大きく派手な動きは、まるでどこかの山奥で密かに連綿と受け継がれてきた伝統舞踊を眺めているかのようで、見ていて飽きることはない。

年配の僧もいるが、多くが一〇代か二〇代の若い僧だった。なかにはチベット自治区から険しい山を越えて亡命してきた僧もいるのだろうが、大半がダラムサラで生まれ育った僧たちである。彼らはチベットの風景を知らず、歴代のダライ・ラマの居城であるポタラ宮を見たことがないのかもしれない。

私は試しに「なぜ旅をする?」「なぜ写真を撮る?」「記憶とは?」「海とは?」などなどさまざまな問いを自分に与え、ひとり心のなかで問答をしてみたが、どの問いも最後には「私とは?」というところに辿り着き、そこから先に進むことができなかった。

ダラムサラの町をふらふらと歩き回っていると、入り組んだ路地の階段を登ったところにタンカ(仏教画)を描く職人たちが集まる建物に行き当たった。チベット芸術センターと呼ばれる訓練所で、若いチベット人青年たちがタンカを描いていた。彼らは五年間通って腕を磨き、ようやく職人として独り立ちするのだという。

狭い部屋に何人もの職人見習いが座り込み、自分の背丈くらいのキャンバスを前に様々な仏教画を描いていた。緻密な線と色だけで表現される曼荼羅《まんだら》から、釈迦《しゃか》や菩薩《ぼさつ》をモチーフにした写実的な仏教画など、一定の定形がありながらも、それぞれの職人の個性がところどころに感じられた。

どのタンカも離れて見ると、ひとつのイメージとして確かに意味をなすものとして認識することができる。しかし、近寄って細部を覗き込むと、あるのは線と点であり、さまざまな色が緻密に絡み合っているだけである。

私は離れて見ては近づき、近づいて見ては離れ、いくつものタンカを見て回った。それは具象と抽象、現実と想像が入り乱れ、繊細なバランスのもと、ひとつの精緻なイメージを作り上げていた。

タンカは平面に描かれているのだが、見る角度によっては三次元のようにも見える。また菩薩の慈悲に満ちた瞳に見据えられると、深い仏教の精神世界を覗き込んでいるかのようにも思える。

職人見習いたちはみな真剣な表情でキャンバスに向かい合っていた。先の細い筆を使い、繊細な輪郭線を描いていく。線と線が絡み、交錯し、踊り、走る。その後、顔料を使って彩色していく。線と色彩は幾何学的に絡み合い、その積み重ねが全体を構成する。ひとつ、またひとつ。焦らずに線と点を積み重ねていく。忍耐力を求められる作業である。

目の前にある点だけを考え、それを積み重ねることによって線を生み出していく。その結果、全体が生まれる。全体を考えながら作業をすると、遠い道のりに悲観して、画は完成を見ないのかもしれない。

数年前、東チベットの検問所で血を流していたチベット族の青年の名は、パンツォといった。そういえば、パンツォもタンカを描く職人であった。移動中の車のなかで、自身が描いた仏教画の写真を見せてくれたのを覚えている。描かれていたのは幾何学模様の曼荼羅であったが、その描写にパンツォの穏やかな心のあり方を感じたのを覚えている。しかし、その曼荼羅の細かな部分が思い出せない。どのような形をしていたか。どのような色で彩色されていたか。確かスマートフォンのカメラで撮影された写真だったと記憶しているが、詳細がすっかり抜け落ちている。画面を見せながらうれしそうに話しているパンツォの様子だけは覚えているのだが。

チベット芸術センターで描かれているさまざまな曼荼羅を覗き込み、近いものはないかと探してみたが、どれも少し違って見えた。

別の部屋には完成されたタンカが並んでいた。釈迦や菩薩、仏教をチベットにもたらした開祖パドマサンバヴァがずらりと並んでいる。しかしどこか空虚な空気が漂っている。何かが抜けている。よく見ると、どれも眼が描かれていなかった。

眼は次の満月か新月の日を待って描かれるということだった。チベット仏教では月齢によってさまざまな儀式の日取りなどが決められているが、満月や新月は重要な日だとされている。次の満月まで一週間ほど。瞳のない仏たちは静かに開眼《かいげん》のときを待っていた。

翌日、ダラムサラの街の奥に広がるヒマラヤ杉の森を歩いた。ヒマラヤ杉は、杉と名前が付いているが実際にはマツ科の植物である。葉は松のように鋭く針のようで、人の拳ほどの松かさをいくつも枝にぶら下げている。

森のなかは薄暗く、木々は灰色の空に向かってまっすぐ伸びていた。枝は大きく広がり、頭上にのしかかる鈍色の空が地上に落ちてこないように支えているかのようだった。それでも、重く湿度を含んだ空気は枝の隙間をすり抜け、森に充満していた。ひんやりと重くて冷たい空気が体を覆い、ほのかに松脂《まつやに》の香りがした。

森の奥へ歩くにつれて体が少しずつ温まってきた。一歩踏み出すたびに、湿った落ち葉のふくよかな匂いが立ちのぼる。

しばらく進むと、どこからともなく濃密な霧が立ちこめ、視界を奪った。

木々はシルエットとなり、霧のなかで不思議な幾何学模様を作り出した。それはまるでモノクロの曼荼羅のようである。その光景のなかを、一筋の石畳の道が頂上に向かって繋がっていた。これまで無数の巡礼者たちが歩いたためか、表面は摩耗し滑らかであった。道は雨で濡れ黒く輝き、訪れるものをさらに奥へと誘っているかのようだった。

視界が悪いので引き返そうかと思ったが、道に沿って歩けば問題ないだろうと判断して奥へと向かうことにした。石畳は起伏に富んでいて、足下に意識を集中しないとすぐに転んでしまいそうになる。ひとりで黙々と歩いていると、思考のベクトルが心の内側に向かっていった。これからしようとしている旅のこと、日本を出発するまでの自分のこと、さらには三年間世界各地を旅していたときのことなど、過去から未来まで、さまざまな思いや考えが浮かんでは消えていった。

そうやってひとりの世界に入り込んでいると、ふと森のなかを巡礼する人々に出会った。そのときは他人の存在をまったく意識していなかったので、驚いてその場で立ち止まった。

彼らがどこへ向かっているのかはわからないが、踏み出す一歩一歩に迷いがなかった。濃い霧のなかでも、はっきりと向かうべき道筋が見えているのだろう。巡礼者たちは手にマニ車を持ち、オム・マニ・ペメ・フムと真言を繰り返しつぶやきながら歩いていた。祈りの言葉は、彼らに進むべき道を与えているのかもしれない。

やがて巡礼者たちは、どこかへ消えていなくなった。私はしばらく歩いたあとに、雨の森を抜けた。

その日の夜、次の目的地に向かうことにした。

ダラムサラと同じヒマーチャルプレデシュ州にあるマナリを経由して、その先にあるスピティ谷を目指す。マナリを越えると標高三九七八メートルのロータン峠が立ちはだかる。その峠はヒンズー教とチベット仏教を隔てる分水嶺になっている。

ダラムサラは亡命チベット人たちの街であり、もともとそこにチベット文化が根付いていたわけではない。チベット族がそこに住み始めたのは、亡命政権樹立以降のことである。ナムギャル僧院に荘厳さや重厚さがないのは、そこに時間の積み重ねが存在しないからだった。しかし、ロータン峠を越せば、そこは数百年にわたってチベット仏教が根付く世界である。連綿と積み重ねられてきた伝統と文化が途切れずに息づいている。

夜、バス停に向かうために宿を出ると、行く手を阻むように猛烈な雨が降っていた。

ダラムサラには雨のなか辿り着き、雨を抜けて去ることになった。

2014.08.11–08.20.
Spiti Valley
Manali to Kaza
Kaza to Kee Gompa
Hikkim, Komic
Demul
Ralung
Dankhar
Tabo
Kee Gompa
Komic
Kaza
Demul
Ralung
Dankhar
Spiti River.
Pin Valley
Tabo Gompa
Umdung (camping ground)
Thaktote (camping ground)
Dakar Kuru (camping ground)
Dutung (camping ground)
Dokpo Phirse (camping ground)
Khansa Gongma (camping ground)
Sitang Gongina (camping ground)
TUMTING
Kirkuchele (camping ground)
PARILUNGBI
SHILLA 23050
KANIKMA
DANGMACHAN
TANGLANGABA
NUNULUKA
KAMELANG
PANGDOM
HERSANG
Pin River
SPITI RIVER
CHINA
INDIA
TIBET
PUNJAB

第2章

風の谷

早朝、オールドマナリから、乗り合いのジープに乗り込んだ。インドに解放感を求めてやってくるバックパッカーたちが好んで逗留する街は、夜明け前の束の間の静寂に包まれ、ひっそりとしていた。

私もかつてはいわゆるバックパッカーだった。まだ見ぬ世界を求めて、バスと列車を乗り継ぎ、時にはヒッチハイクをして馬に跨がり、どこまでも好奇心の赴くまま旅をした。一泊数百円の安宿に泊まり、多くの優しき人々に助けられ、数少ないけれども悪質な人間に騙され、苦しみ、喜び、悲しみ、泣き、それでも一歩、また一歩と、重い荷物を背負い旅していたのだ。あの頃は何かしらの目的がなくても旅することに疑問を抱くことがなかった。純粋に旅が楽しくて仕方なかった。いまはどうだろうか。答えを見出そうと、前に進もうと模索している。楽しみより、先が見えない不安のほうが大きいかもしれない。ただ、旅はまだ始まったばかりである。いつだって旅の始まりは不安と未知に溢れている。

車はマナリの街の近くを流れる川に沿って北へと進んだ。道はすぐに急な上り坂になり、曲がりくねっていった。荷物と乗客をたくさん載せた車は苦しそうに道を登っていく。やがて視界はなくなり、靄なのか霧なのか雲なのか判然としなくなっていった。

標高はどんどん上がっていく。マナリは標高二二〇〇メートルほどだったが、一時間も走ると三五〇〇メートルほどになった。空気が薄くなり、呼吸が浅くなり始めた。意識して深呼吸を繰り返す。水を少しずつ口に含み、急激な標高変化による高山病に備えた。

突然、視界が開けた。雲の上に出たのだ。その瞬間、印画紙の上に画像が薄らと浮かび上がって定着していくように、視界に雄大な景色が広がった。

断崖絶壁が幾重にも重なり、大地が波打っていた。山の斜面は瑞々《みずみず》しい緑で覆われ、間を縫って絹糸のような滝が幾本も筋となって流れ落ちている。それは谷底でひとつの川となり、渓谷を削り続けている。マナリの街が、小さな点の集合のように見えた。まわりをぐるりと取り囲む急峻《きゅうしゅん》な山々の頂に朝日が差し込み、残雪を白銀に染めていった。

この旅で初めて見る雄大な景色だった。出発してからずっと雨が降っており、視界はほとんどなかった。そのため現実の世界から隔離された場所にやってきたような感覚があったが、風景が目の前に広がったことにより、旅が現実味を帯び始めた。

ダラムサラから降り続いていた雨は、ここで消えた。遥かインド洋からモンスーンによって運ばれてくる雨雲は、この先にある標高三九七八メートルのロータン峠を越すことができない。そのため、峠の向こう側の景色は急に殺風景になる。草木はなくなり、どこまで行ってもガレ場が続く。

峠は多くのものを隔てる分水嶺になっている。資本主義経済も、グローバリズムも、雨雲と同じように、向こう側へ行くことはできない。峠の先にはチベット仏教徒たちの祈りを中心としたチベット文化圏になる。目に見えるものと、目に見えないもの。物質的な豊かさの追求と、心の豊かさの追求。その分岐点がここにある。

峠は一年のうち七カ月は積雪のため通行できない。通行できるのは毎年六月から一〇月の短い期間だけである。それ以外の季節は雪に閉ざされてしまう。このときも夏だというのに、影となる斜面には一年中解けることのない雪が残っていた。

峠を越えるとラダック地方とスピティ谷に向かう道の分岐がある。私が目指すのはスピティ谷である。

分岐を南東のスピティ谷方面へ向かうと、断崖絶壁にへばりつくように細い未舗装の道が続いていた。それは道と呼べるかどうか疑わしく、大半が大きな岩がゴロゴロと転がる荒れたものだった。落石、崩落などは日常茶飯事で危険極まりない。

途中、雪解けの水が滝となり道を浸水しているところが点在しており、頻繁に足止めを食らった。乗客はみな車を降り、靴を脱いでズボンの裾をまくりあげて裸足で川を渡る。そのたびに水の冷たさに凍え上がらなくてはならなかった。

途中、村と呼べるものはほとんどないが、時折、どこから来たのか、数百頭を超すヤギの群れを連れて放牧する人々に出会った。そうなるとまた車は足止めを食らうことになり、ヤギたちが道を外れてどこか山へと入っていくのを気長に待つ。

いくつもの峠を越え、いくつもの谷を越える。

車窓の風景を眺めているとそれぞれの谷に、それぞれの特徴があることに気がつく。緑に覆われた谷、ガレ場ばかりの谷、開けた大地がある谷、濁流が流れる谷。谷と一口に言っても、みな違う。その移り変わりは尽きることがない。

マナリを出てから一二時間。車は最後の峠に差し掛かった。

峠の頂上では赤、白、緑、黄、青の五色の旗が掲げられ、幾重にも重なりながら冷たい風にはためいていた。タルチョと呼ばれるその旗には、経文とともにルンタ（風の馬）が描かれている。旗が風にはためくたびに、込められた祈りが風に乗って大地を駆け、世界の隅々まで行きわたると信じられている。そのため、チベット仏教圏では峠や谷底など、風が走る場所には必ずと言っていいほどタルチョが掛けられている。

荒涼とした大地に、色とりどりの旗が大きくはためく。

随分と長くそこにあるのか、旗は糸がほつれ、色が剝げ落ち、半分ほどの大きさになっているものも多い。地面に落ち、そのまま土に埋もれている。

峠には人はおらず、旗がはためくばたばたという音だけが響いていた。

風の先に、スピティ谷が広がっていた。


スピティ谷の中心地カザに到着すると、疲労困憊しながらもようやくの思いでその日の宿を見つけ、荷を降ろした。体中砂埃にまみれており、すぐにでも体を洗いたかったが宿のシャワーは水しか出なかった。八月といえども標高四〇〇〇メートルの夜は寒い。私は冷たい水を浴びる勇気もなく、重い疲れに引きずられるようにベッドに倒れ込んだ。

スピティ谷はインド北東部に位置し、ヒマラヤ山脈のなかにある。スピティとは現地の言葉で中間を意味し、インドとチベットの中間を指している。六〇〇〇メートル級の山々が連なり、無数の谷が点在する。谷は風の通り道になっており、スピティ谷は風の谷と呼ばれることもある。

カザの街は高地に位置するため空気が薄く、また乾燥しているためか、呼吸をすると肺がきりきりと軋む。頭も血液が循環するたびに締め付けられるように痛む。私は何もする気がせずに、しばらくベッドの上で転がり続けた。


カザの街から八キロほど北に行ったところに、スピティ谷に暮らすチベット仏教徒たちの祈りの拠り所となっているキー僧院がある。僧院は崖の中腹に突き出た岩山の上に建てられており、九〇人ほどの僧が日夜、勤行しながら暮らしている。

この日、雲ひとつない快晴だった。ダラムサラからマナリまでの雨の日々にげんなりしていた私は、乾燥した空気を体いっぱいに取り込んだ。深呼吸を何回か繰り返すと楽になり、頭痛は遠のいた。

遠くから見ると崖の中腹に白い僧房がちょこんと小さく集まっているだけのようだが、近づくにつれて段々と大きくなっていく。門前に立つと数十メートルもの壁面が目の前に立ちふさがり、僧院というよりは砦と呼ぶほうがふさわしい。それもそのはずで、かつては城塞としての役割を果たし、外敵の来襲に備えていたという。チベット文化圏の僧院はゴンパと呼ばれ、寺院と城塞の役割を兼ねたものが大半である。

キー僧院の白い外壁に小さく開いた門をくぐる。

なかは薄暗い通路になっており、奥に続いている。通路の両脇にはマニ車がずらりと並び、参拝者たちはそれらを時計回りに廻しながら、奥へと進む。マニ車とは筒状になった仏具で、なかに経文が入っており、回転させると経文を読むのと同じだけの功徳を積むことができるとされている。どの僧院でも外周を囲むように並んでいることが多く、参拝者はコルラしながらマニ車をひとつずつ廻していく。

私も参拝者と同じようにマニ車を廻した。これまでの長い時間で多くの人がこの僧院を訪れ、祈りを捧げてきたのだろう。木製の取手は黒くくすみ、摩耗して表面が艶やかに輝いていた。マニ車はガラガラと乾いた音をたてて回転し、その音は狭い通路に響いた。およそ五〇個のマニ車を回転させると、通路が途切れ、その先が中庭になっていた。

中庭には本堂が面しており、読経が漏れ聞こえていた。数日前から特別な法要が始まり、何人かの僧がお堂のなかで読経しているとのことだった。法要は世界の平和と平穏を願う祈りで、一カ月半にわたって朝八時から午後三時まで読経し続けるのだという。

この日、キー僧院に泊まることにした。

簡素なベッドが並べてあるだけの古びた部屋が僧院の一角にあり、来訪者が泊まれるようになっていた。同じ部屋に泊まることになったのは外国人ばかりであった。僧院の子どもたちに英語を教えているというアメリカ人青年（ツーリストをあまり良く思っていないのか、ほとんど目も合わせず話もしなかった）、チベット仏教に興味があり勉強をしているというベルギー人女性（彼女とは以降、チベット文化圏の他の街で何度か出会うことになるのだが、私が日本から来たと言うと、しきりに手塚治虫のファンだということを伝えてきた。なかでも一番好きな作品は『ブッダ』だということだった。仏教の話になると、すぐに手塚治虫の『ブッダ』

にはこう描かれていたなどと話し始めた。彼女にとって『ブッダ』は聖典で、仏とは手塚治虫のことのようだった）、ドイツから自転車をこいで半年ほどかけて陸路でやってきたドイツ人男性（半年でここまで着くのは早いねと伝えると、どうしても道路が開いている夏の間にスピティ谷まで来たかったので急いでやってきたということだった）。そのほかに、チベットから数年前に山を越えて亡命してきたダラムサラ在住のチベット人男性と日本人女性のカップル。それに私を加えた六人が粗末なベッドで毛布にくるまりながら眠ることになった。

食事は僧院で働く村人たちが用意してくれた。僧院の奥にある炊事場に長年使われてきた竈《かまど》が並び、薪が燃える上で黒く煤けた巨大な鍋が温められている。メニューはレンズ豆のダル。インドでは定番のスパイスを使った豆のスープである。大鍋からバケツになみなみと注がれると、子供の僧たちが湯気とともに走って食堂へと運んでいく。

炊事場の片隅では、年配の僧たちがバター茶とツァンパを食べていた。バター茶とは、チベット文化圏で飲まれるお茶で、発酵させた茶葉を煮出し、バターと塩をドンモと呼ばれる細長い筒で攪拌《かくはん》させたものである。塩分と油分が多く含まれたこのお茶は、高地における塩分補給と唇の乾燥を防ぐためには効果的で、チベット文化圏では欠かせない飲み物である。味は独特で大抵の外国人は一口飲んだだけでそれ以上飲むことはない。チベット文化圏ではどこへ行っても人に会うとすぐにこのバター茶を出される。おそらく普通に過ごしていても一日に少なくとも一〇杯は勧められることになる。

ツァンパとは大麦の一種である裸麦を脱穀、乾煎《からい》りして粉にしたもので、チベット文化圏では古くから主食とされてきた。僧たちはツァンパにバター茶を注ぎ、手で捏ね合わせてから食べる。

台所の隅に腰を下ろすと、早速バター茶を差し出された。口に含むと、独特な臭みが口内に広がった。

僧たちは器用にツァンパを捏ねて食べる。私もお椀のなかでツァンパを手で捏ね、丸めてから口に運ぶが、なかなかうまくいかない。僧たちは子供の頃から食べているので、いとも簡単に捏ねて玉にしていく。横に座っている老僧がこうするんだよと見本を見せてくれるが、なかなか真似することができない。椀からツァンパをこぼしながら苦労する私を見かねて、代わりに団子状に丸めて、これを食べなさいと勧めてくれた。素朴ながら滋味に溢れ、麦が持つ乾いた匂いが口腔を満たした。

突然訪れたのにもかかわらず、僧たちはさも当たり前のように私をもてなす。特別扱いするわけでもなく、ずっと前からここにいる者のように接する。私たちの共通言語はほとんどないが、それでも居心地の悪さを感じることはなく、バター茶とツァンパの素朴な味が体に染み込むように、私はすぐにその場の空気に馴染んでいった。

夕食を食べているとき、チベット人の男性が、亡命して来たときの話を少し聞かせてくれた。三〇代半ばだという彼は、数年前にチベット自治区内のチベット仏教徒の自由のなさに嫌気が差し、亡命することにしたという。

チベット自治区とインドは国境を接しており、スピティ谷も少し奥へ行くと、国境線が横たわっている。そのどこかに、いまも使われている秘密の亡命ルートがあるという。それは常に同じではなく、その時々で変わるようであった。いまでもそうやって山を越えて亡命してくるチベット人は多いが、危険が伴う。少し前にチベット自治区とインドの国境で、山を越えるチベット人を中国側から発砲している映像が流れたことがあったが、亡命は常に命がけなのだ。

初めこそ冒険譚のように少し楽しみながら話していたが、会話がチベット自治区内に残っている親戚の話になると、表情が曇り、歯切れが悪くなった。

亡命をすると、チベット自治区内に残された家族は中国政府の公安から嫌がらせを受けることになる可能性があり、それがとても心配だと語った。なんとなくそれ以上詳しく聞くのも憚られ、会話は途切れていった。

黙り込む彼の顔から視線を外して中庭のほうに目をやると、本堂の頂に据えられた黄金色の鹿の像が、夕暮れの空の下で鈍く輝いていた。

夕食後、僧院の裏側の崖を登った。

僧院は崖の中腹に建てられており、背後にはほぼ垂直に近い岩壁がそびえている。崖の上には瞑想をするための小さなお堂が建てられており、岩肌にへばりつくように小道が細く蛇行しながら続いている。一歩踏み出すたびに高地の薄い空気が肺を圧迫し、激しく喘いだ。三〇分ほど歩いたのち、あまりに苦しくて立ち止まった。振り向くと、僧院が眼下に見渡せた。

夏だというのにあたりは冷たい空気に満たされ、凜としている。歩いているときは寒さを感じないが、立ち止まって風景を眺めていると、汗が乾いて体温が急激に奪われていく。

この日は満月。平地なら太陽が西に沈むのと同時に東の空から月が上がるが、東側は六〇〇〇メートル級の山々が連なり、ある程度の高度にならないと月明かりは谷底には届かない。

太陽が沈むと、あたりが急に暗くなり始める。そして今度は空の色が漆黒から濃紺へと徐々に移り変わっていった。しばらくすると、月が山の稜線の向こう側に上がってきたのか、谷を挟んで対岸にある西側の山の頂上付近に積もった雪が月光を反射してしっとりと輝き始めた。月光が次から次へと注ぎ込み、谷を青白く満たしていく。スピティ谷はキー僧院だけを残して、すべてが照らされることになった。青白い世界のなかに、ただ一箇所、僧院がある場所だけが黒く影になっている。その移り変わりは、光が届かない海の底から徐々にスピティ谷が浮かび上がってくるかのようだった。

やがて月明かりはキー僧院の白い僧坊を照らした。空には青白く完全な円形をした月が、ポッカリと浮かんでいた。

きっと、いまこの瞬間にも、ダラムサラのチベット芸術センターに並んでいたタンカの仏たちの眼が描かれているに違いない。ひとつ、またひとつ、眼が見開かれていく。

もしかしたらパンツォも、この同じ月の下、開眼の儀を行っているのかもしれない。穏やかな印象の青年だったが、このときばかりは真剣な面持ちになるのだろうか。しかし、私はその姿を見たことがない。私が知っているのは血を流し、地面に伏せているパンツォだ。あのとき、その姿が、チベット族が祈りを捧げるときに行う五体投地に見えたのだった。四肢を地面に投げ出し、心を開放し、自身を大地に捧げる姿。その向こう側で、祈りを拒絶するかのような無機質さで立ちはだかっていた検問所。

満月がその輝度を上げるにつれて、記憶が少しずつ鮮明になっていった。

どれぐらいそこにいただろうか。冷たい風が吹き始め、ふと我に返った。

しばらくして、月明かりを頼りに崖を下った。足元にはくっきりとした自身の影があり、私は影を追いかけるように歩いた。あたりをうろつく凶暴な野犬に気配を感じ取られないように静かに僧院に戻り、薄い布団に潜り込んだ。

毛布はバター茶の匂いがした。


翌朝、息苦しさと寒さで目が覚めた。

昨晩は寒く、横になってからもあまりよく眠れなかった。硬い寝床の上で覚醒と睡眠の境界線を何度も行き来し、起きているのか寝ているのか、よくわからなかった。気がつけば、僧たちの読経の声が聞こえ始め、朝が訪れた。

本堂に入り、隅に静かに腰を下ろす。朝日が堂内に差し込み、松脂の香からあがる煙が暗い堂内に浮かび上がっていた。

読経の声が鼓膜を震わせるたびに、少しずつ目が覚めていく。空気の振動を肌に感じ、流れ落ちるバター茶の熱さを喉に感じる。胃が温もり、血液が循環する。疲労による筋肉の痛みを感じ、薄い酸素を吸収するために肺が大きく膨らむのを感じる。

緩やかに目を覚ますには、読経は最適なBGMである。

キー僧院をあとにし、ランツァ村へと歩いて向かった。一週間ほどかけて山々に点在する村を訪れ、チベット文化圏の人々の暮らしを見てまわるつもりであった。

この日はランツァ村を経由してコミック村まで行く予定を立てたが、前日に聞いた話だと途中にあるヒッキム村で小さな儀式があるということだったので、立ち寄ることにした。

ランツァ村を越えると丘陵地が続く。なだらかな斜面は、地を這うような緑に覆われていた。標高が高いため樹木は育たず、どこまでも見渡すことができる。しばらく歩くと、左手に雪を頂いた急峻な山が見えた。チェチョンチャンと呼ばれる、スピティ谷で一番高い山である。標高六四〇〇メートル。このあたりは冬になると雪豹《ゆきひょう》が現れるというが、いまはおそらく山の上のほうにいるのだろう。しばらく歩くと、標高は四四〇〇メートルを超えた。息苦しいはずである。上り坂になると、体が急激に重くなる。

さらに一時間ほど歩くと、右手の眼下にヒッキム村が見えた。三〇軒ほどの家屋がすり鉢状に広がる畑に囲まれるように点在しており、村人たちはみな農作業に勤しんでいた。

しばらくすると遠くの丘から馬を連れた人々が現れ、吸い込まれるように村の外れの高台にあるお堂に入っていった。お堂の外壁は水色とオレンジ色の縞模様になっており、時々しか使われていないのか、古びて剝げ落ちていた。

なかに入ると集会所のような部屋があり、奥に狭い本堂があった。扉は頭をかがめなければ入れないような小さなもので、空気はひんやりと冷たく淀んでいた。頭上の小さな小窓から光が差し込むが、いかにも心細い。

しばらくすると目が慣れ、いくつかの輪郭が浮かび上がってきた。

本堂の祭壇では古びた本尊が淡い光に照らされて物憂げに鎮座していた。どれも完全な状態のものはなく、塗装が剝げたり、腕が抜け落ちたりしている。隅のほうで数名の村人たちがチベットからもたらされた経典や朽ちた仮面などに囲まれて、ツァンパとバターを捏ね合わせて一〇センチほどの尖った塔のようなものを作っていた。それはトルマと呼ばれる供物で、上部には円盤状のものを練り付け、彩色をする。かつては神々に生贄が捧げられていたが、命を大切にするチベット仏教が普及すると、代わりにトルマを作って供犠《くぎ》することになったという。それが一〇〇個以上も地面に並べられていた。

まわりに集まっている村人たちはみな農作業を終えてそのまま来たといった感じで、土にまみれている。綺麗に着飾っているのは数人の子供たちだけだった。村に住むほぼ全員だろうか、七〇人ぐらいの人々が小さな部屋に座っていた。

部屋の奥にござが敷かれ、そこに金剛杵《こんごうしょ》（中央がくびれ両端が刃になった仏具。煩悩を打ち破る役割を担う）などの仏具をいくつか並べていく。準備が整ったあたりで幾重にも白い羽織を重ねた男が現れた。

男が入り口から現れると村人たちは静かになり、頭を伏せた。男はござが敷かれた場所まで来ると無言のまま座り込み、裸麦の実を手に取り、あたりに振りまいた。脇に置いていた袋を開け、なかから古びた帽子と黒くくすんだ服を取り出す。それらはすり切れ、汚れており、古くから村に伝わるもののように見えた。村人たちは手分けして男の身につけていく。

男はぶつぶつと真言を口にしながら、裸麦を投げ、酒を口に含む。すると体をゆらゆらと揺らし始めた。眼を堅く閉じ、手で頭を押さえて苦しそうである。唇をすぼませ、息を長くゆっくりと吐いては吸う。村人たちは男が手を伸ばすたびに金剛杵や酒を渡し、着ている羽織を脱がせては、別の羽織を何度も着せ替えている。

男が突然目を開いたかと思うと、白目を剝いていた。しかし、その状態は続かず、しばらくすると黒目の部分がすっとまぶたの下から現れ、こちらを見据える。すると男はまた頭を抱えて苦しそうにし、大きく体を揺らす。それを何度も繰り返す。

どうやらこの男はシャーマンであるらしい。チベット文化圏には土着信仰のボン教がある。ボン教は仏教がチベットにもたらされる前から人々に信仰されていた原始宗教である。チベット仏教の特徴は、ボン教と仏教が融合しているところにある。

目の前で白目を剝くシャーマンは、トランス状態に入ろうとしているようだ。酒を口に含み、真言を唱える。そうやって神と一体化することにより、何かしらの啓示を受け取るのである。

しかし、なかなか憑依《ひょうい》状態にならない。白目状態からすっと黒目に戻ることを繰り返している。その様子を見ていると、黒目に戻ったシャーマンが険しい顔付きでじっと私を見つめてきた。もしかしたら私のような外部の人間がいるから憑依できないのだ、と叱責されるのかと思って少し緊張した。

じっとその瞳を見つめ返し、次に何が起こるのか緊張しながら構えていると、シャーマンは手に持っていた酒の入った盃をすっと私の前に出して、飲めと言った。私はあまり酒に強いほうではないのだが、断るわけにもいかない。言われるままに盃を受け取り、注がれた酒を一口で飲み干した。咽喉の壁を焼くように酒が流れ込み、胃がきゅっと締め付けられた。ほのかな酸味と甘みが鼻腔に湧き上がる。それは裸麦から作ったチャンと呼ばれる酒であった。疲れと高度のせいで酒の回りは早く、段々と頭が痛く、そして息苦しくなってきた。意識が妙にぼぉーっとしてきた。

私に何度か酒を飲ませてシャーマンは満足したようだったが、なかなか完全なトランス状態にならなかった。よく見ると男の手や爪には土がついており、普段は農作業をしている普通の村人のようだった。特別な日だけその役割を担うシャーマン。だからなかなかうまく憑依できないのかもしれない。

そのじれったい様子を見ていると、むしろこちらのほうが先にトランス状態になりそうだった。男が口にする真言を聞くたびに意識が曖昧になる感覚があった。

かつて、南米アマゾンの奥地で、似たような経験をしたことがある。私は自らシャーマンのもとを訪れ、儀式を受けたのだった。毎晩、シャーマンとともに深い森に入っていき、樹の蔓を煎じた汁を飲む。するとシャーマンが歌を歌い始め、私の意識はより大きな存在の一部となり、私という存在を成り立たせている意識の境界線が消えていく。そのとき、精霊と交わり一体となる感覚が訪れた。

私はスピティ谷の小さな村の薄汚れた蔵のなかで、憑依しきれない目の前のシャーマンを横目に、あのときのような状態になりつつあった。薄れゆく意識のなかで、アマゾンを旅した。鬱蒼《うっそう》と生い茂るジャングル。森から聞こえる不思議な動物たちの鳴き声。幾何学模様に絡み合う木々と、その向こう側で赤く燃える夕焼け。遠くでかつて聞いたシャーマンの歌声が懐かしく響く。

ふと我に返ると目の前のシャーマンは焦点の定まらない様子で儀式を行っていた。どうやら無事に憑依したようだった。さきほどまでの苦しい表情は消え、恍惚感が体全体に溢れている。翡翠《ひすい》や珊瑚《さんご》石などで装飾された銀の板のようなものを重ね合わせしきりに音を鳴らし、何かしらの言葉を村人たちに与えている。村人たちは、順番にシャーマンの前に行き、手に額を近づけ、言葉を受け取っていた。

儀式は三〇分ほどで終了した。シャーマンの男は服と帽子をとり、普段の格好に戻った。

そうしてみると、男はその辺の村によくいるおとなしくて人の良さそうなおじさんだった。男は無事に儀式をやり遂げた安堵の表情を浮かべたあと、照れ笑いをしながら握手を求めてきたので、その手を握り返した。手のひらは硬く、農夫のものであった。

人々は儀式が終わると部屋の外にそそくさと出ていく。一緒になって外に出ると、若い男たちが馬に跨がり、隣村のコミック村へと続く小道を駆けていった。同時に村人たちが、「ホォー」と甲高い声を出した。馬は青白い光のなか、馬蹄《ばてい》の音を響かせながら段々と夕闇に溶けるように輪郭を失い、やがて丘の向こう側に消えた。

私は馬を追いかけるように、コミック村へと急ぎ足で向かった。酒のせいで頭が痛い。しかし、早く行かなくては真っ暗になって、道に迷ってしまうかもしれない。

ふらふらしながらも、ようやくの思いで暗くなる前にコミック村に到着すると、村の入り口付近に先ほどヒッキム村から馬に乗って出発した若者たちが集まっていた。彼らは酒を飲み、最近このあたりでも普及し始めている携帯電話を片手に流行の音楽をかけ、騒いでいた。彼らは村で見かけた大半の人々とは違って、みなジーンズにスニーカーを履き、都会にでもいそうな格好をしていた。きっと普段は村におらず、儀式のときだけ戻ってくるのだろう。

私に気がついた彼らは、お前も馬に乗ってみろとか、この酒を飲んでみろなど、いろいろ絡んできたが、私は疲れていたのと、どこかまだ意識が自分のなかに定着していない感じがして、彼らの相手をするのが面倒で適当に受け流した。すると、その態度に腹を立てたのか、彼らは馬の手綱を握りながら「これが俺たちの伝統なんだ！」と大きな声で叫んだ。それは私に対してというより、自分自身に言い聞かせているように聞こえた。

彼らは村を離れて街に出て、村の生活とはまったく違う世界を知ったことで、自分自身の存在や村の伝統や文化を逆に深く意識することになったのかもしれない。

夕闇のなかで馬の手綱を握りながら騒ぐ彼らの手は、まるで自身のアイデンティティを手放さないように堅く握られているように思えた。彼らは昼でも夜でもない、このスピティ谷の長い夕闇のなかにいる。伝統と現代。その間で揺れ動く若者たち。

闇に向かって放たれた「これが俺たちの伝統なんだ！」という叫び声は、いつまでも頭のなかで響き続けた。

翌日は甘ったるいチャイで一日が始まった。

コミック村は三〇軒ほどの家屋が立ち並び、急な斜面に畑が点在している。昨晩はそのうちの一軒に泊めさせてもらった。朝、その家のお母さんが竈に火をつけ、朝食の用意をしてくれた。

火をつける際、燃料にヤクの糞を乾燥させたものを使う。土壁でできた家の壁面には、丸い煎餅のように固められた糞がいくつも張り付き、乾燥させられている。このあたりは森林限界を超えており、燃料となる木が育たないのである。また一年に数十ミリ程度の雨しか降らないため空気が乾燥しており、糞は一日も干せば使えるようになる。

熱くて甘いチャイが体内の隅々まで行きわたり、目覚めていくのがわかる。昨晩もやはりよく眠れなかった。疲れているはずなのだが、頭が痛くてなかなか眠れず、眠っても夜中に何度も目が覚めた。頭の真んなかのほうでずきずきと重みを感じる。コミック村は標高四五〇〇メートル。世界で一番高い場所に位置する村のひとつだそうだ。空気も一段と薄い。

朝食を食べたあと、便所に行った。村の建物は大体が三階建てである。一階はヤギやヤクなどの家畜のためにある。二階は人が住む居住部分。三階は半屋外になっており、長い冬を越すための食料や燃料などを置いておく場所になっている。便所は二階部分にあり、薄暗い土壁の小さな部屋に入ると、地面に小さな穴が空いており、跨って用を足す。最後に水を流す代わりに脇に置かれてある土を穴に適度に落としておけばお終いである。やがてそれらは畑の肥やしとなる。

このようなトイレにはすでに慣れていたのでいつものように用を足していると、何かが下で蠢く音がした。階下は意外と大きな空間になっているようである。恐る恐る穴を覗いてみると、藁《わら》が山になっており、その脇で家畜が新鮮で温かな人糞をいまかと待ち構えていた。さすがにこの様式は初めてだったので驚き、体の芯から目覚めた気がした。

この日はコミック村から、デムル村まで移動をすることにした。沸かした水を用意してもらい、ボトルに詰めて出発。

道はなだらかな丘陵地に続いており緩やかなのだが、少し早足で歩いたりするとやはり息があがる。徐々に背負った荷物が重く感じられ、上りが続くようになると、体が動かなくなってきた。苦しくて仕方がない。頭は前に進めと言っているのに、体が言うことを聞かない。

途中、何度かヤクを放牧する人々に出会った。

ヤクは高地に生息する長い毛を持つ牛の仲間である。暑さに弱く、標高三〇〇〇メートル以上にしか生息することができない。実際には雄のことをヤクと呼び、雌はディと呼ぶ。他にもヤクと普通の牛を掛け合わせたズォなどもいる。こちらはヤクより一回り小さく、低地にも順応する。

ヤクは高地で生きる人々にとっては欠かせない生き物である。毛は温かく、衣服に用いる。乳は栄養分に富んでおり、チーズにも加工する。背に荷物を載せて山を越えることもあれば、人が跨がって移動することもある。肉は干し肉にして貴重なタンパク源、または保存食となる。ヤクは財産であり、何頭持っているかによって豊かさがわかる。

私はこの生き物を見るのが好きである。歩いている途中に出会うと、必ず立ち止まってその巨体を眺めることにしている。極度に盛り上がった肩の筋肉。巨大な頭を支える太い首。短いけれども逞しい足。体は艶のある黒や白の毛に覆われ、マイナス三〇度近くにもなる冬を越すことを可能にする。力強い風貌からは想像できないようなやさしい眼差しを持ったふたつの瞳。その瞳は想像を超える過酷な世界を常に映し、人間では捉えることのできない世界を見据えているような気がする。力強くも優しい生き物。その姿は、生きる大地と呼びたくなる。スピティ谷の大地がもし意思を持った生き物の形をとって現れるとしたら、このヤクのような姿形をしているのではないだろうか。ヤクの姿を眺めていると、生命の美しさに触れているような気になり、充足した気持ちになる。

やがて道は峠に差し掛かった。標高五〇〇〇メートル。この日一番の難所である。五〇〇〇メートルを超すと、息苦しさの質が変わる。呼吸器に分厚い膜が張り、空気が肺に流れ込まずに逆流するような感覚になる。背中の荷物は二倍以上に重く感じられ、踏み出す足は重しをつけたようである。一歩踏み出すたびに血液が逆流し、体内の各所で氾濫を起こし激痛をもたらす。筋肉は酸素不足のためにひくひくと痙攣《けいれん》し、悲鳴をあげる。

なぜこんなところに来てしまったのだろうか。なぜこんな苦しい思いをしてまで歩いているのだろうか。さまざまな疑問が浮かび上がるが、どれも深く考えることができない。脳に暗幕をかけられているようで、思考がとぎれとぎれになる。苦しい。

ようやくの思いで峠の頂上に辿り着く頃には、言葉を発するのも億劫《おっくう》なほど疲れ切っていた。峠で腰を下ろし、海の底から水面に戻ってきたときのように大きく口を開き、空を見上げて激しく喘いだ。まるで陸に揚げられた魚のような気分である。

峠には石を積み重ねただけのチョルテン（仏塔）があった。峠の頂上に人の頭くらいの石がいくつも積み上げられ、まわりにマウンテンシープなどの角や頭蓋骨が並べられている。石や骨のひとつひとつが人の手によってそこに置かれたものであり、それぞれの人の思いが込められている。チョルテンに掲げられたタルチョは、風が走り抜けるとばたばたとはためきながら音をたて、人々の思いを代弁するかのように峠に響いていた。

チョルテンを時計回りに一周したあと、深呼吸をする。

峠の先に広がる谷では小さな村々が岩山に埋もれるように小さく見えた。村は収穫期を迎えた緑の畑に囲まれており、見渡す限り茶色一色の殺風景な世界に緑の島のように存在し、茶色の大海に浮かぶ若葉のようである。

空が近く感じる。手を伸ばせば届きそうでもあり、吸い込まれそうでもある。雲が頭上ではなく、自分と同じ高さ、目の前に浮かんでいる。躍動感に満ち、刻々と変化していく。湧き上がり、分離し、膨張する。流動し、停滞し、消滅し、誕生する。常に同じ形は存在しない。

じっとしていると峠を吹き抜ける風が冷たく感じられ、体も冷えてきた。スピティ谷では午後近くになると風が強くなるのが常であった。風は雪山から吹き下ろし、冷たく鋭い。風が流れてくる先を見ると、遠くの山の頂付近に雲が溜まり、雪が降っているようであった。怪しい黒い雲がこちらのほうに流れてきていた。のんびりしている時間はないかもしれない。

私は重い腰をあげて、再び歩き始めた。

峠を越えると、道は下りになり呼吸は楽になったが、一気に一〇〇〇メートル近く崖を下る道が続いており、肉体的な負担はこちらのほうが大きかった。

途中、マウンテンシープが断崖絶壁を駆けあがっておおり、時折立ち止まってはこちらを嘲《あざけ》るように見下ろしていた。彼らには空気の薄さも、崖の斜面も関係がないようだった。

数時間かけてゆっくりと斜面を下った先に、デムル村はあった。

私は足をがくがくと震えさせ、よろめきながら村へと入っていった。

デムル村には四〇軒ほどの家が密集している。

どこか泊まらせてくれる家がないか探していると、それまで晴れていた空に重く冷たそうな雲が垂れ込め、頭上にのしかかってきた。重みに耐えられなくなったかのように、ぽつりぽつりと雨が降り始めたかと思うと、すぐに大きな真っ白なあられへと変わっていった。峠で見た黒い雲が村まで押し寄せてきていた。同時に、畑にいた村人たちが急ぎ足で戻ってきた。

外国人が訪れた場合、村では持ち回りで泊まる家を決める。村長の家に行き、今回は誰の番かを確認してもらっているあいだ、若い娘がチャイを入れてくれた。

娘の名はシェラといった。学生で普段はカザの学校で勉強をしているが、いまは収穫期で家の仕事が忙しいため、手伝いのために村に帰ってきているということだった。一八歳だというが、大人びて見える。ゆったりとした服の下にすらりと健やかな四肢があることが感じられた。機敏に家を動き回り、客人を前に照れながらも気配りをみせ、私が手に持つカップのなかのチャイがなくならないように何度も竈からやかんを持ってきては注いでくれた。もう十分な量を飲み、あまりカップに口をつけていないと、私がチャイを好きではないのかと考えたのか、すっとバター茶を差し出してくれた。

彼女の頬は赤く日焼けし乾燥しており、それがスピティ谷の大地を連想させ、見るものに力強さを与える。何より、目が印象的だった。輝くような黒々とした瞳が、世界を捉えて小刻みに動く。彼女の名はチベットの言葉で賢明さを表し、瞳の奥に彼女の聡明さが確かに感じられ、見つめられると、心を見透かされているような気がした。

彼女は農作業の手伝いを終えたあとは、毎日踊りの練習をしていると言った。数日後にカザで行われる祭りで踊ることになっているという。じっと見つめられると気恥ずかしい感じがするので、その様子を見せてもらうことにした。奥の部屋は物置部屋となっており、隅に祭壇があった。数々のチベット仏教のラマ（高僧）の写真が飾られ、花が供えられ、真んなかにダライ・ラマ一四世の大きな写真が飾ってあった。

窓の黄色みを帯びた橙色のカーテン越しに雨上がりの光が差し込み、部屋にはなま温かい空気が漂っていた。彼女はスチール製の大きな箱を開き、布で覆われた装身具を取り出した。銀製の装飾品で、トルコ石や翡翠、赤珊瑚などが埋め込まれ、精緻な意匠が施されている。母親から娘へと受け継がれてきたもので、何世代をも経ているという。

彼女はそれらをひとつひとつ身につけていく。腰にいくつもの細かい銀の鎖を取り付け、頭には鮮やかな刺繍が施されたスカーフを被り、肩からは赤や緑で縁取られた織物を羽織る。それらの衣装を身に着けると、表情から子供っぽさがなくなり、厳しい大地に生きる人間の顔つきになっていった。

しばらくすると隣の部屋に同じ年頃の女性たちが数人集まり、歌と踊りの練習をし始めた。

あどけなさをまだその表情に残した若い女たちが、歌を歌う。

初めは見知らぬ男性がいるためか、気恥ずかしそうに小鳥がさえずるようだった歌声は、何人かの声が重なることによって、すぐに自信に満ちたものに変わっていった。彼女たちの透明な声が幾重にも重なり鼓膜を撫でる。この地方に伝わる歌なのだろうか、旋律は抑揚が少なく、春の風に揺れる若葉のように柔らかく響く。

歌にあわせて、女たちが踊り始めた。

手の指は何かしらの形を表現している様子で、右へ左へと揺れながら、時には裏返しになり動く。私には彼女たちが歌う歌詞の意味はわからない。しかし、その旋律と動きをしばらく眺めていると、きっとこの地で生きる人々の営みを歌っているのだという気がした。彼女たちが踊る姿は、そよぐ風のようであり、流れる水のようであった。彼女たちの歌声は空気を震わせ、風となりスピティ谷に響いた。

しばらくして、ようやく泊まる家が決まったという。どうやらそのまま村長の家に泊まることになったようだ。

この日の夕食はダルと、ほうれん草をターメリックと唐辛子で炒めたものだった。どちらもどことなく土臭さがあり、うまかった。それを大量の米とともに食べる。

家族たちはたくさんの量を食べる。およそ私の三倍ぐらいは食べていると思う。一日の始まりに家を出る前に食べ、畑仕事を終えてから夕食を食べる。二食だけである。農作業をしているあいだは砂糖を大量に入れた甘いチャイを飲む。

普段はお米を食べることは少なく、畑で育てている麦でトゥクパ（チベット風ラーメン）を作ったり、そば粉を捏ねて焼いたものを主食にしている。標高が高く土地が痩せているため、ここでは米は育たない。米は街に行ってお金を出して買ってこなくてはならないため贅沢な食材なのだ。この日は私が泊まっているため、貴重な米を出してくれたのだった。

家族は七人。家の主とその母親と奥さん、息子夫妻と小さな赤ん坊。加えてこのときはシェラが暮らしていた。二四歳の息子は英語が少しだけ話せるので、通訳になってくれた。英語はかつて僧として暮らしていた僧院で覚えたという。自ら望んで僧になったが、僧院での厳しい生活についていくことができずに、数年で村に帰ってきたらしい。臙脂色の袈裟を身に着けていなければ、かつての僧も普通の村人である。

眠るとき、窓枠からは月明かりが差し込んでいた。満月を数日過ぎても明るく、部屋のなかにはっきりとした影を生み出していた。

月の光があまりに幻想的で優しかったためか、それとも昼間に村の女性たちと話をしたからか、この夜、これまで旅で出会ってきた女性のことが思い出された。ボリビアの山奥で出会った踊り子の女性のこと。ウガンダの孤児院で出会った少女、エチオピアの奥地にある村で言葉の通じない私の世話をしてくれたハマル族の女性。みな優しく、そして生きることに一生懸命だった。

彼女たちと別に何か深い関係になったわけではないが、それでも彼女たちは私の記憶のなかに時折現れ、いつでも変わらぬ笑顔を浮かべている。

あれから数年。彼女たちはいま何をしているのだろうか。大きく育ち、幸せを摑んでいるかもしれないし、もしかしたらその反対かもしれない。彼女たちが置かれていた状況を考えると、後者のほうの可能性が高いような気がする。それでも、きっと彼女たちは前に向かって笑顔で進んでいるように思えた。彼女たちとの記憶は、東チベットでの公安の記憶とは対照的に、いつでも私に前に進むことを促す。

深夜、月が山の稜線の向こう側に隠れ、ようやく部屋が暗くなった頃、私は眠りについた。

目を覚ますと、すでに村人たちの大半は農作業に出ており、シェラもいなかった。挨拶ができなかったのは心残りだったが、数日後のカザでの踊りを見に行くつもりだったので、出発の準備をして村を出た。

ここからは延々と崖を下ることになる。数時間ほど歩くと、谷底の川に辿り着いた。呼吸が格段に楽になり、そして暑い。川を挟んで対岸も崖になっており、斜面のなだらかな部分に畑が広がり、さらにその上に集落があった。せっかく下ってきたのに、また登らなくてはならない。この日はラルン村を経由して、スピティ谷のかつての王宮があるダンカまで歩いて一泊した。

ダンカの旧王宮から崖を谷底まで下ると、未舗装の細い道がある。道は川に沿って南北に走っており、北へ行くとカザへ向かい、南へ行くとキナウルに向かう。冬になるとカザより北側の道は半年近く閉ざされることとなり、スピティ谷と外の世界を繋ぐ道はここだけになる。

道路沿いで三〇分ほど待っていると、キナウル方面へ向かうバスがやってきたので飛び乗りタボの町に向かった。一日に数本だけ、オンボロバスがこの道を通るのだ。久しぶりの文明的な乗り物は、なんとも居心地が悪く、遠い惑星にやってきたかのようだった。

バスは途中、何もない場所で停まり、荷物をたくさん抱えた乗客を降ろしていった。まわりには崖しかない。彼らは重い荷物を持って崖を登り、遥か上にある村に帰るのだろう。

一時間ほどでタボに到着した。谷底を流れるスピティ川の岸辺に広がる平地に家が立ち並ぶ。川沿いにはリンゴやアプリコットの畑があり、実がたわわになっていた。

タボの村の中心には一〇〇〇年近くの歴史を持つ僧院がある。

外観はそれまでこの地方で見てきたものとは大きく違っていた。外壁は泥で固められ、装飾などは一切なく、真っ平ら。高さ一〇メートルほどののっぺりとした土壁の一部に扉が取り付けられているだけで、なかの様子を想像することすらできない。

初めここが僧院だと知らされても、にわかに信じられなかった。かつて西アフリカのマリ北部にあるジェンネの街を訪れた際、泥でできたモスクを見たことがあるが、見た目はそれによく似ている。違う点といえば、タボの僧院の外壁には窓もなければ、杭ひとつ出ていないところである。それが大小九棟並んでいる。

なかへ一歩足を踏み入れると、世界は一変する。

扉の奥は真っ暗で、光が溢れる外の世界から入ると、しばらく何も見えなくなる。目が慣れてくると、暗闇のなかから無数の古びたタンカが浮かび上がる。どれもいまにも朽ち果てそうになりながらも、かろうじて形を維持し、決して人工的には生み出すことのできない色を滲ませていた。

奥に進むと、天井が高くなり、壁面が広くなり、壁面に仏像が並ぶ。形あるものが時間の重みに耐えかねて腐り、剝げ落ち、無に帰そうとしている。しかし、そこに並ぶ仏像たちは朽ちているのではなかった。形を変えながらより神聖さを増しているのだった。

ひとつひとつの像にはそれぞれの表情がある。憤怒《ふんぬ》しているもの、慈悲に満ちているもの、恍惚の表情、真理を捉えた目。それは人の心が持つ多面性であり、そこに立つ者の心によって見え方が違ってくる。

こんな奥地の谷底にひっそりとある寺院に、よくこれほど多くの精緻な像を作ったものである。僧院は現在進行形で祈りの場としてその役割を果たしており、私が堂内にいた短い時間のあいだにも祈りを捧げに来る人々の姿が多く見かけられた。

正面には大きな黄金色の仏像が鎮座し、脇に菩薩たちが控えている。無数の菩薩に見つめられる濃密な空間。その目線は肉体に向けられているのではなく、心に向けられている。この空間にいるものは、否応なしに自身の心に向き合わざるを得ない。

本尊の脇に人がひとり通れるくらいの細い通路があり、その先を抜けると、裏側にも空間は広がっていた。そこは回廊になっており、真んなかに土の壁が四面ある。各壁面には一〇センチ四方の菩薩の顔が無数に描かれ、こちらを見つめている。天井まで数百を超す顔で埋め尽くされているのだ。

それはかつてエチオピア正教の岩窟教会で見た天使の顔が描かれた壁を思い出させた。その教会は大きな岩山の中腹にあり、岩をくりぬいて作られた空間だった。その薄暗さや祈りの質感。信仰する対象が違うだけで、そこにある人々の心の形は同じであるのかもしれない。

タボ僧院もエチオピアの岩窟教会も、どちらも僻地にあり自然を利用して作られている。入り口は狭く、小さい。それはまるで母なる大地の子宮へと続く入り口を連想させた。祈る者は母なる大地のなかで胎児となる。

外に出ると、太陽はすでに西に傾き、鋭い光が濃い影をあちらこちらに描いていた。暗い僧院から出てきた私の目には眩しく痛かった。

翌日、カザの街に戻った。

その日、祭りがあり、シェラが踊ることになっていた。私はそれを楽しみにしていたのだが、祭りは退屈極まりなかった。小さなステージがあり、まわりに椅子が並べられていた。安っぽい横断幕がかかり、スピーカーから音の割れた声が垂れ流されている。スケジュールが組まれ、順番に各村の踊り子たちが現れては踊る。それはまるで鳥かごのなかで無理矢理鳴かされている小鳥のようであった。

私があの晩、村で聞いた女たちの歌声は、谷を駆け抜ける風のようだった。目を閉じ、耳を澄ませると、スピティ谷の風景が見えるような気がした。

膨大な時間をかけて生み出された大地。悠久の流れのなかでいまを生きる人々。長い冬と短い夏。収穫期の麦畑のざわめき。古びた寺院で祈る人々の心。生を謳歌する子供たち。生きることの苦しみと喜びを皺に深く刻み込んだ老人たちの穏やかな表情。それらが、歌声の先に見え隠れした。

しかし、ステージの上で歌う彼女たちの歌声からは、何も見えなかった。私は大いに落胆して、彼女が出てくる前にその場をあとにした。

私はカザの街を出て、高台から川を見下ろすことができる場所まで向かった。稜線に沿って歩き、風景を眺めた。近くの村人が掲げたのだろう。タルチョの五色の旗が荒涼とした大地にたなびいていた。

眼下にスピティ谷の大地が広がっていた。幾重もの地層が山肌で波打ち、大地がいまも創生され続けていることが感じられた。谷底ではヒマラヤ山脈からの雪解け水が途切れることなく流れている。数百万年の間、変わらず続けられる自然の営み。一滴が砂を削り、また一滴が岩を砕く。無限とも思われる繰り返しの果てに、谷が生まれ続けている。

太陽が山の稜線の向こうに消え、長い夕暮れが始まろうとしていた。

谷の夕暮れは長い。無数に連なる山々の向こう側にある水平線に太陽が沈むまで、谷は昼でも夜でもない、淡く曖昧な時間帯が続く。

谷底に点在する村々は静まりかえり、いくつかの家屋から一筋の煙が上っているのが見えた。村人たちが夜を迎える準備をしているのだろう。

風が冷たくなり始め、谷は静寂に包まれた。谷底から川の水が轟くのが聞こえるが、風向きによってはほとんど何も聞こえなくなったりした。

やがて夕暮れは終わり、谷は影に覆われた。

水面が夕闇の空の色を反射し、深い憂いをたたえたような青い川が谷底に浮かび上がった。荒々しくもあり、優しくもあり、一時も留まることなく変化していく。

川を上流に遡っていけば、東チベットに繋がるかもしれない。しかし、記憶のなかで流れる東チベットの川は青く澄んでおらず、赤かった。それはパンツォの顔から滴る血の色と混じり合い、赤く濁っている。僧院の暗がりに翻る袈裟や無数に連なる僧坊の臙脂色。冷たく鋭い空気を染める赤い夕焼け。鳥葬で切り刻まれる遺体の肉の色。東チベットでの記憶は、大半が赤い。

眼の前で流れるスピティ谷の川が青ければ青いほど、記憶の血の色は鮮明になっていった。川があの場所へと繋がっているとしたら、一体どこでこの澄んだ青い色は、血の色に変わるのだろうか。

私の淀んだ記憶とは対照的に、川はさらさらと流れ続けていた。

風が、夜の底で小さく身震いをするのを感じた。

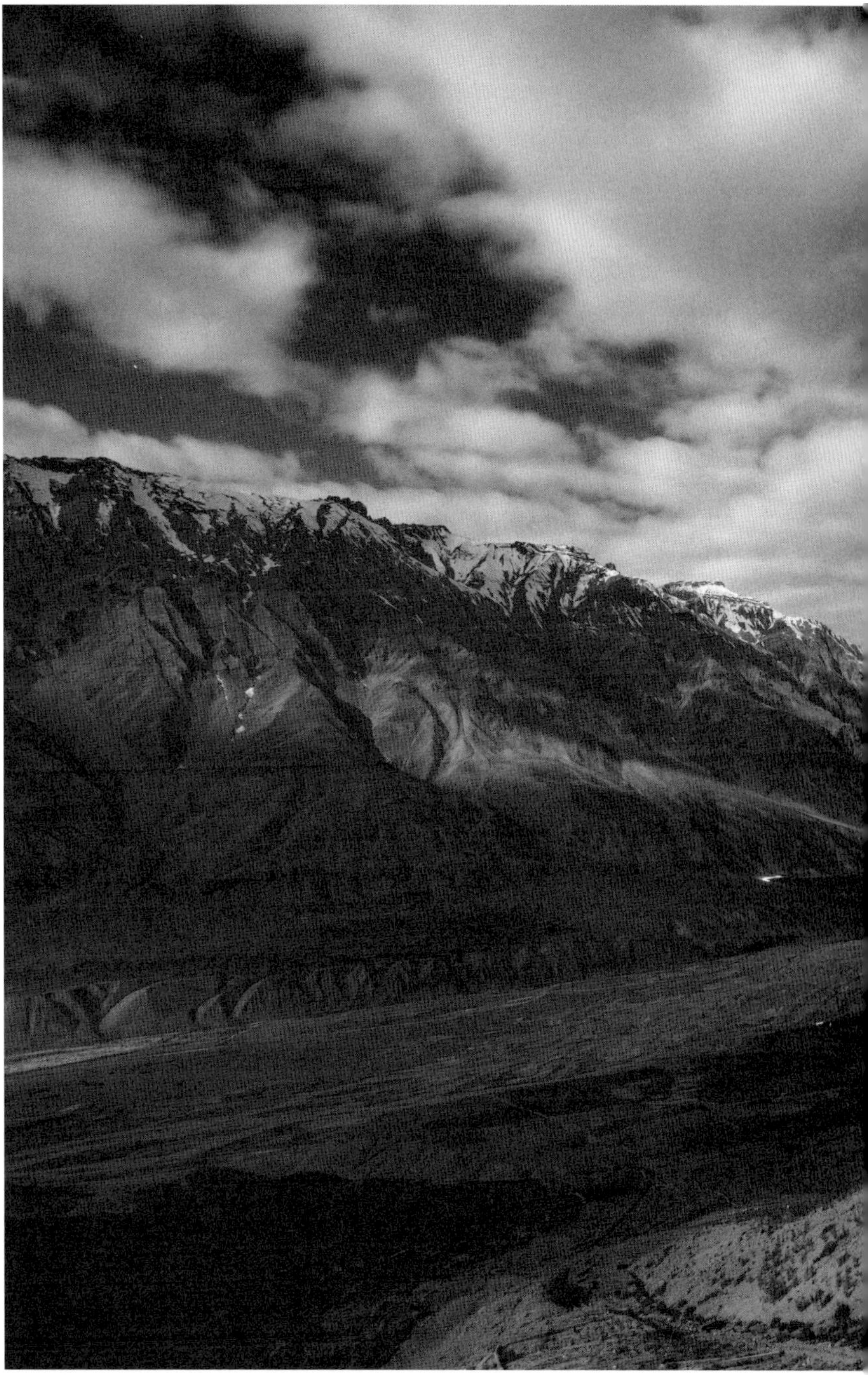

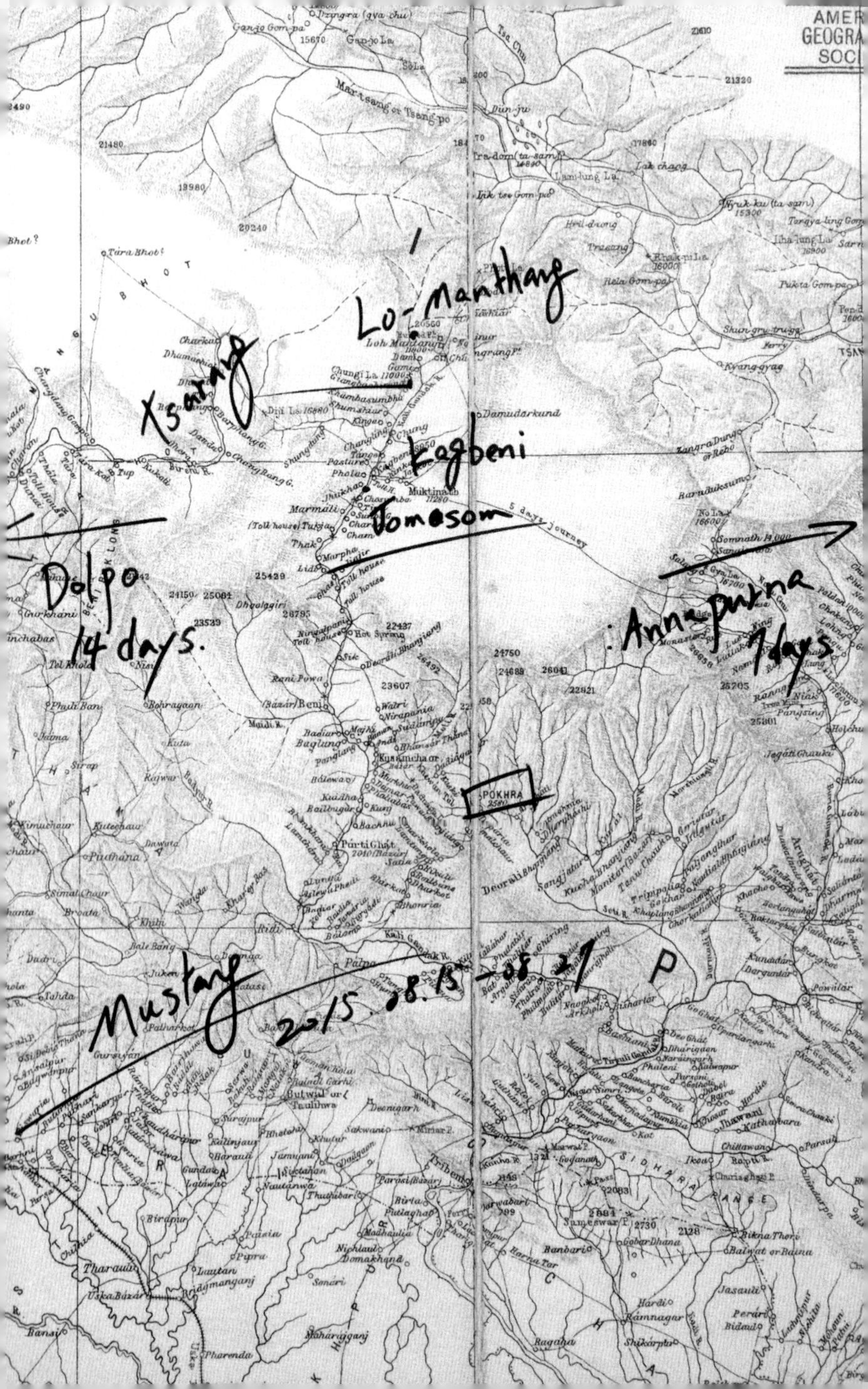
AMER
GEOGRA
SOC
Lo-Manthang
Kagbeni
Jomosom
Dolpo
14 days.
Annapurna
7days
Mustang
2015.08.15-08.27
P
5 days journey
POKHRA
Dhaolagiri
Muktinath
Marpha
Tukja
Thak
Damudarkund
Loh Mantang
Chungi La
Dunju
Ganjo La
Lamlung La
Hot Spring
Beni
Baglung
Kusmachaur
Purti Ghat
Palpa
Butwal or Tauliliwa
Nautanwa
Bridgmanganj
Pharenda
Bansi
Kali Gandak R.
Sidhara Range
Ramnagar
Bikna Thori

第3章

夏の空

スピティ谷の旅を終えて日本に戻ってくると、空港を出た瞬間に重苦しい影が心にすっと差し込むのを感じた。

旅している間は目の前で繰り広げられる未知との出会いを受け入れるのに精一杯で、自身が持つ感応器官のすべてが全速力で稼働する。心は世界を受け入れるために満たされ、どこにも隙間などはない。帰国の飛行機に乗り込む際は、まだその余韻で心が波打っており、持続している。しかしながら、日本に到着する頃にはそれらは蒼穹《そうきゅう》の彼方へと霧散してしまい、飛行機を降り立つ頃にはぽっかりと穴が空いた状態になり、影が入り込む。

自分がつい数日前までいた世界がどこかへと遠のいていく。視界に靄がかかり、心に幾重にも膜が張っていく。

時折、風が駆け抜け頬を撫でていくが、その感触が違った。ビルの隙間を逃げるように吹く風は無機質で、風景や物語を想像することができなかった。雪解けの冷たさを感じることもなく、芽吹くアプリコットの花の生命力を感じることもない。

何より、都会に吹く風には名前がなかった。

日本に戻ってからしばらく、次の行き先について考えながら過ごした。そうしていれば、都会の風に心がさらされても、どうにか向かうべき方向を見失わずにいられた。

そんなとき、本棚にあった河口慧海《かわぐちえかい》の『チベット旅行記』に目が留まり、読み始めた。河口慧海は明治時代に日本人として初めてチベットに入国した僧侶である。当時鎖国されていたチベットに仏教の経典を求めて潜入。その旅は困難を極め、入国するために何年もかけてチベット語を習得し、さらには検問所を避けて七〇〇〇メートルの山のなかの、道なき道を越えてチベットへと向かった。

そのチベット探訪を記したのが、『チベット旅行記』である。そこにはチベットのことがこう記されている。

チベットは厳重なる鎖国なり。世人呼んで世界の秘密国と言う。その果たして然《しか》るや否やは容易に断ずるを得ざるも、天然の嶮《けん》によりて世界と隔絶し、別に一乾坤《けんこん》をなして自ら仏陀の国土、観音の浄土と誇称せるごとき、見るべきの異彩あり。

チベットは当時鎖国状態であり、入国した外国人の大半は殺されてしまうなどしていた。そのような状況で、河口慧海は幾多の苦難を乗り越えていく。そしてついに潜入を果たし、身分を隠したまま三年近く、チベット内に滞在することになる。

読み終わったとき、チベットの突き抜けるような青い空が見える気がした。

季節が巡り、翌夏。

私はバックパックに旅の道具を詰め込み、準備をした。向かうのはネパールの旧ムスタン王国。河口慧海がチベットへと至る途中に長く滞在した村を目指すことにした。

久しぶりに担ぐバックパックはずしりと重く、肩に食い込んだ。

ネパールの首都カトマンズからポカラの街までバスで八時間。さらに小型飛行機でジョムソンを目指す。

ポカラを出発する日の早朝。雨の音で目が覚めた。朝四時半。あたりはまだ暗い。ネパールの国内線はよく事故が起こる。こんな雨の日に飛ぶのだろうか。

空港に着く頃には東の空が少しずつ明るくなり始めていたが、頭上には分厚い雲が垂れ込めていた。

飛行機は定刻を少し過ぎた頃に出発した。

離陸後、すぐにポカラの街が眼下に広がった。湖を中心として湖畔に家屋が並んでいる。上空から見ると意外に大きな街である。しかし、機首を北に向けてすぐ、景色は雨に濡れた木々に覆われた山の風景に変わった。山が連なり、谷が広がり、名もなき滝が流れ落ちる。

たった三〇分のフライトで、一体いくつの滝を見ただろうか。緑は水分を存分に蓄え、青々と輝いていた。

一五分もすると眼前に険しい雪山が立ちはだかった。ダウラギリ（八一六七メートル）である。その姿は見るからに異彩を放っている。神々しさが満ちた切り立った稜線。すべてを拒絶するような岩壁。それでいて絹のように滑らかな純白の雪が見るものに優しい感情を与える。それらを見ていると、山に取り憑かれる男たちの気持ちが少し理解できるような気がした。右手にはニルギリ（七〇六一メートル）があるはずだったが、厚い雲が溜まっているせいで見えなかった。

ダウラギリを左手に見ながら飛行機は旋回し、狭い谷へ入っていく。右も左も、すぐそこまで斜面が迫っている。眼下には石造りの村々がすぐそこに見える。タルチョがはためき、五色の旗がはっきりと認識できる。出発地ポカラの標高は八〇〇メートル。ジョムソンの標高は二八〇〇メートル。飛行機は高度をほとんど下げることなく、そのまま着陸した。

ポカラから三〇分。『チベット旅行記』によると、河口慧海はこの道程を六日間で歩いたと書いている。道中、親切で信仰心の強い老婆と、信頼できぬ二人の従者が一緒で、いつ裏切られて殺されるのかを心配しながらの行程であった。そのルートは今日でも辿ることができ、人気のトレッキングルートになっているが、いまはそのようなことを心配しながら歩く必要もない。せいぜいガイドにお金を多く請求されるぐらいだろう。

飛行機を降りると、ポカラとはまったく違う種類の乾燥した空気が身を包んだ。

雨雲はどこにも見当たらず、重苦しさを感じるほどの濃い青をした空が、頭上に広がっていた。

荷物を受け取り、簡素な空港の外に出る。あとは歩くのみである。心を整え、荷物を背負う。ムスタン王国のかつての首都ローマンタンまで一週間の道のりの第一歩を踏み出したそのとき、「日本人ですか？」とくせのある日本語で話しかけられた。

振り向くと、欧米人の男性が笑顔でそこに立っていた。私と同じくバックパックを背負い、トレッキングシューズを履いている。これから歩くのだろうか。少し話していると、どうやら北海道に住んでいるオーストラリア人で、ラフティングの会社を運営しているという。夏休みの忙しい時期が終わり、休暇でネパールを訪れているということだった。

彼もやはりローマンタンを目指していた。しかし、歩いていくのではなく、これからすぐに乗り合いの四輪駆動車を見つけて、一気に行ってしまうのだという。理由を尋ねると、翌日からローマンタンで伝統的なホースレースが行われるという。初耳である。その情報を聞いた彼は、ムスタンの入域許可も取らずに、急遽、ショムソン行きの飛行機に乗り込んで来たのだという。チベット国境がすぐそこにあるこのエリアは本来、外国人は入域許可を取らなければならない。私は首都カトマンズにいる間に手続きは済ませていた。ローマンタンに向かうまでに数箇所チェックポイントがあるが、迂回して行くつもりらしい。彼はとりあえず先を急ぐからと、大きな荷物を持って先に空港の外へと出ていった。

ジョムソンはポカラからチベットまでを結ぶ交易ルートの中間点に当たる街である。かつては少し南にあるツクチェがこの地方の中心地としての役割を果たしていたが、空港ができてからはジョムソンがその役を担っている。

街には交易が盛んだった頃に敷き詰められた石畳の道があり、両脇に石を積み重ねた家が連なる。アンナプルナ方面とムスタン方面の両方の拠点になる街なので、トレッキングに訪れる人々のための環境が整っている。観光客向けの宿があり、レストランがあり、インターネットがある。それは現代版の宿場町としての光景といえる。

街道を歩きながら、ホースレースのことが気になった。チベット族にとって馬は自分たちのアイデンティティの象徴であり、伝統と文化の象徴である。チベット族の風俗を知るには、最適な機会であることには間違いない。しかし、私はローマンタンまで歩いていく、ということを目的にムスタンを訪れていた。かつて鎖国をしていたチベットに潜入するために河口慧海が歩いたのが、まさしくこの道である。

ムスタンはかつて王国であった。ネパールの一部となったあとも高度な自治権が与えられ、王が統治していたが、二〇〇八年、王政は廃止。ネパールのムスタン地方となった。

数年前までは、かつての首都ローマンタンを訪れるには歩くしか方法はなかった。ポカラからジョムソンまでは四輪駆動車や飛行機でアクセスすることができたが、その先の山々は険しく、車が通れるルートは存在しなかったのだ。しかし、文明の波は山間部の奥まで押し寄せ、徐々に道らしきものが延び始めた。といっても我々が知っているような道ではない。大きな岩がゴロゴロと転がり、頻繁に土砂崩れがあり、ときには川を渡り、信じられないような切り立った崖の縁を走る。一日に乗り合いの四輪駆動車が数台走る程度である。

一〇分ほど歩くと街の外に出て、川にぶつかった。チベットからの雪解け水が大地を削りながら黒い濁流となって流れていた。川の名前はカリ・ガンダキ。黒い川という意味である。河口慧海はこの川を渡河するとき、馬が抜け出せなくなり立ち往生をしたということだが、いまは橋が架けられ、誰も濁流に飲み込まれることはない。

川を渡ると小さな広場になっており、ローマンタン行きの乗り合いの車が集まっていた。結局、そのうちのひとつに乗り込み、ローマンタンへ向かうことにした。とりあえず、ローマンタンまでは車で行ってしまい、帰りに村々を巡りながら歩いて帰ってくればいい。そのほうがゆっくり村に滞在する時間も取れる。滞在許可は一〇日間しかないのだ。何より、予期せずホースレースに巡り会える幸運を優先すべきだと判断した。

よくこんなところまで車を持ち込んだものである。ポカラとジョムソンを結ぶ道は雨が多く降り、雨季になると頻繁に土砂崩れが起こり、寸断される。復旧は遅々として進まず、そうなるとここは陸の孤島となり、山を降りる道はなくなる。あるのはさらに奥へと続く道だけであるが、それもローマンタンまでである。その先のチベットまでは車が通れる道は繋がっていない。

ジョムソンを出発するとすぐに浅く広く幾本もの支流に分かれる川に沿って進み、谷の奥へと入っていく。川幅は広く、水はまるで葉脈のように支流を作りつつ流れている。

飛行機から見る限り、ジョムソンに到着するまで大地は寸分の隙間なく緑で覆われていた。しかし、ジョムソンを離れると、大地はすぐに茶褐色に変色し、木々は消える。どこをどう見渡しても植物は見当たらず、生命が存在するのかどうかも定かではないほど荒涼としている。水分をたっぷりと含んで重くなった雲は、ジョムソンより奥、標高の三〇〇〇メートル以上にはやってこないようであった。

赤道付近で暖められ、モンスーンとなり北へ北へと向かってきた湿った空気は、ここでようやく旅の終焉を迎える。雲は雨となり大地に降り注ぎ、川となり、遙かなる旅路を辿ってまた海に帰っていく。その折り返し地点である。ジョムソンが乾燥地帯と雨の分水嶺となっている。

しばらくすると車は突然止まった。黒ずんだ濁流が東の険しい山から流れ落ち、行く手を阻んでいた。車を降り、トラクターの荷台に乗って対岸へ渡る。そこからまた違う車に乗り込み、さらに進む。一時間ほど未舗装のガタガタ道を進むと、カグベニの小さな集落が見えてきた。ここからはチベット文化圏の村々である。

しかし、ここでひとつ問題が発生した。村の入口付近にあるチェックポイントに立ち寄った際に、これ以上先へ進めないことが判明した。というのも、私がカトマンズで取得していたムスタンの入域許可証の日付が翌日からになっていたのだ。許可が得られる滞在期間である一〇日間以内にローマンタンまで行ってチェックポイントまで戻ってこなければならず、当初は歩いて向かう予定だったために、ムスタンに入域する日をぎりぎりに設定していたのである。

許可証を持っているので一日ぐらい構わないだろうと交渉をしてみたが、かなり厳格にこの許可制度を運用しているらしく、結局、この日はカグベニで足止めとなった。翌日の早朝に移動を開始すればその日中にローマンタンには辿り着ける。ホースレースには間に合うだろう。しかし、こんなことなら、せめて初日ぐらいはジョムソンから歩いてこの村まで来ればよかった。

カグベニは集落の真んなかを流れる川を挟んで一〇〇戸くらいの家が立ち並ぶ。石を積み上げただけの壁に木枠の窓が並ぶ四角い二階建ての家々。屋上に薪を重ね、祈りの旗であるダルシン(タルチョとは異なり細長い白い旗に経文が書かれている)がはためき、一階では家畜を飼っている。典型的なチベット文化圏の家屋である。これまで各所で見てきた光景。しかし、人々の顔つきにチベット族とネパール族の両方が混じり合っているのが少し違うところである。

川を挟んだ対岸の比較的新しい地区に渡ると小綺麗な家がいくつかあり、商店ではインドから運ばれてくるポテトチップスやコーラが軒先に埃を被りながら並んでいた。

ツーリスト向けの宿がいくつか並び、そのうちの一軒に泊まることにしたのだが、宿の名は「Yac Donald《ヤクドナルド》」。ファストフード店の「マクドナルド」をもじっているのである。Yacは動物のヤクである。ホテルのロゴは、ヤクの角をお馴染みの黄色いMのマークに見立てている。入り口にはどこで見つけてきたのか、資本主義の象徴のような「セブン-イレブン」の看板が掲げられており、その下にWi-Fiと書かれている。そしてその脇には五色のタルチョ。資本主義経済の波が道の開通とともに流れ込み、祈りと並列して掲げられている。

翌日、午前三時半、宿を出て歩き始めた。

頭上には夜の帳が垂れ込めており、闇が体に絡みつくような感覚があり、体が重かった。六時過ぎ。山の稜線の向こう側が、わずかに明るくなり始めた。

空は徐々に黒から濃紺へと変わり、じんわりと風景の輪郭が眼前に浮かび上がってきた。一歩、また一歩と踏み出すたびに、景色が濃くなっていく。ようやくライト無しで歩けるようになった頃、チュサンの集落が見えてきた。

村の外れに乗り合いジープの集合場所があり、木造の掘っ立て小屋に数人の乗客が集まっていた。みな地元の人のようだった。

待合場所にもなっている粗末な建物は小さな商店を兼ねており、菓子や食材などが売られていた。コカ・コーラ、スニッカーズなど、ネパールの南に位置するインドで生産されているアメリカブランドが並んでいた。店内を見て回っていると棚の片隅にオレンジのカップに漢字で「今麦朗」と書かれたカップ麺が置かれていたのを見つけた。そのパッケージには見覚えがあった。以前中国を旅していたとき、列車のなかや小さな食堂で、そのカップ麺をすすっている人を多く見かけ、私自身も長距離移動のときなどに何度か食べたことがあるものだった。

お店の人に聞くと、中国から入ってきているという。もちろんそれはそうなのだが、よくよく聞くと、それらはインドで生産された製品とともに南から街道を通って運ばれてきているものではなく、中国からチベットを経由して、北側からもたらされているものだった。

数年前に南から車が通ることができるようになったのはローマンタンまでであった。ローマンタンの北は一〇キロも進めばもうチベット国境である。いま、この国境からローマンタンまで道ができつつあり、中国から物が流れ込んできているという。つまりムスタンには、南はインドから、北は中国から、物質社会の波が押し寄せているのである。このとき訪れた小さな商店は、ムスタンが置かれた状況を如実に小さな棚に反映しているのであった。これから北へ向かえば向かうほどチベット文化が濃くなっていくはずだと思っていたが、もしかしたらますます中国的になっていくのではないだろうかという不安がよぎった。

乗客と荷物をたくさん載せた四輪駆動車は、力強く大地を駆けながら山を越える。ガレ場を走り、川を越え、崖を登る。ときには乗客は車を降り、崩れた崖の斜面を歩き、車はあとから慎重に難所を越えてくることもある。

途中、いくつかの村を通り過ぎた。どの村でも人が乗り降りすることはなく、荷物の積み下ろしもほとんどない。このような村々では車がやってこようがこなかろうが、ほとんど変わりがないのかもしれない。蕎麦や裸麦の畑に立ち並ぶ石造りの伝統的家屋。その脇を走り抜ける車。およそ風景に馴染むことのない金属の塊。村人たちはちらりとこちらを見るだけで、特に気にすることもない。

いくつかわからないほどの山を越えたが、樹木を見ることはほとんどなかった。乾燥した大地が折り重なり、殺伐とした景色を生み出す。時折、緑の島のようなものが褐色の大地に見えるのだが、それは村のまわりに広がる畑であった。村人たちは短い夏を利用して一年分の食料を育てる。主食である裸麦や蕎麦が中心で、蕎麦は白やピンクの花を咲かせて荒涼とした大地を彩っていた。

ムスタンとはチベット語で「肥沃《ひよく》の平原」を意味する。険しい岩山を見ていると、そんなことは思い浮かびもしないが、ローマンタンが近くなるにつれて平原と呼ぶべき地形が増えていき、穂を垂れる麦が風に揺れる様が見られるようになっていった。

チュサンから五〜六時間で着くと言われていたが、途中、崖崩れがあったり川を渡ったりしたため、結局九時間近くかかって、日が暮れる前にようやくローマンタンに到着した。

ローマンタンは、標高三七六〇メートルに位置する。周囲はぐるりと一〇メートルほどの高さの土の壁に囲まれている。かつてはチベットからインドまで、ヒマラヤ山脈で採掘した岩塩を運ぶ交易の中継地点として栄えた。そのため、外敵からの侵略に備えて城塞化していった。

長らく城郭都市として機能していたが、現在、壁は半分以上が崩れ落ちている。城壁のなかには人々が住む家屋があり、王がかつて暮らしていた王宮（いまはネパールの首都カトマンズに居を構えている）、僧たちの祈りの場である僧院がある。

一九五〇年の中国によるチベット侵攻の際、抵抗するチベット族勢力がローマンタンに逃れてきて、かつての城壁を盾にゲリラ戦を繰り返したという。彼らはチベットのカム地方から来たカンパと呼ばれる人々で、勇敢さと獰猛さで知られていた。『チベット旅行記』のなかにもカンパのことは書かれており、カム地方は盗人と人殺しの国と呼ばれている。その地域から流れ着いた人々が中国への抵抗を試みたのだった。

ムスタンに欧米人が初めて訪れたのは一九五〇年代とされている。しかし、河口慧海はそれよりも五〇年も前に訪れている。そればかりか、二年弱の期間を、ローマンタンの南にあるツァーラン村で過ごしている。実際にこの地に外国人が正式に訪れることができるようになったのは一九九一年のこと。それほど昔のことではないのである。

崩れた城壁からなかに入ると、人だかりができていた。かき分けて前に進むと、ちょうどホースレースが始まるところだった。

馬が走る直線を挟んで、伝統衣装に身を包んだ人々が見守る。みな頬が赤黒く日焼けし、女性は三つ編みをして後ろで黒い髪を束ねている。

どどどどどっ！

地響きのような音を撒き散らしながら、猛烈な勢いで馬が右から左へと駆け抜けていった。馬上には精悍な顔つきの青年が手綱をしっかりと握った状態で半身を外に出し、地面に落ちている黄色い布を拾い上げる。もしこの勢いで走る馬の上から落ちれば大怪我をすることになる。

馬は彼らにとって誇りのようなものである。それを乗りこなし馬術を披露する場こそ、一番の舞台である。彼らの眼差しは鋭く、見守る人々の瞳は黒々と輝き、絶えることなく積み重ねられてきた伝統に対する誇りのようなものを見据えている。

馬が走り抜けたあと、しばらく遅れて、土の匂いを含んだ風が駆け抜けていった。

ホースレースは翌日もあった。

この日は僧侶が馬上で手綱を握っていた。それはある種の儀式であるようだった。空いた時間はみな思い思いに草原で休憩をし、アラックと呼ばれる米を原料とする蒸留酒を飲む。

ローマンタンまで歩いて行かずに車で行くと決めたときに少し迷いがあったが、一連の儀式を見ながら過ごしていると、これで良かったのだと実感した。この先、このような伝統的な行事がいつまで続けられていくのかわからない。早ければ数年後にはなくなっているかもしれない。実際、馬に乗らず、バイクに乗る若者が増えている現状がある。ジョムソンやカグベニで見かけることが少なかったバイクを、ローマンタンでは多く見かけた。大半はチベット国境を越えて入ってくる中国製のものである。彼らは馬を売り、バイクを買う。それが時代の流れなのは仕方ないが、寂しさを感じないわけではない。しかし、私はこの地まで飛行機と車を利用してやってきているので、何かを言える立場にはないのかもしれない。

村人たちに交じりながら、城壁の外側にある草原にごろりと横になった。眼前に青黒い空が広がった。どこにも陰りがない青である。日本近海を流れる黒潮は、プランクトンが少ないためその色が黒く見えることから名付けられたというが、この地の空も同じ原理なのだろう。不純物のない空は黒く見える。まるで宇宙の色が透けて見えているかのようである。

それにしても穏やかである。東チベットにおける血の記憶など、空に吸い込まれて遥か彼方に消え去りそうである。この同じ空の下の何処かに、パンツォはいるだろう。そして、あのとき冷たい表情をしながら、暴力を振るっていた公安の係官もどこかにいるだろう。いまも同じようなことが繰り返されているのだろうか。あれから数年経っているが、いまはどうなのだろうか。

あのとき、私は不穏な空気の漂う東チベットを公安の目から逃れるように旅していた。東チベットに広がる世界は、それまで三年近く世界各地を旅してきた旅人にも驚きに満ちた場所だった。連綿と続く伝統。絶やされることのない祈り。それはまるでチベット仏教徒の深い心のなかを旅しているような時間だった。しかし、街の各所には公安の冷たい目が隠れており、外国人である私は何度も捕まり、尾行され、尋問を受けた。

数週間の滞在で、私は精神的な限界を感じ、東チベットを離れることにした。目的の町へと向かう乗り合いの車を探していたとき、言葉が通じず苦労していた私を助けてくれたのがパンツォだった。

パンツォは片言の英語で、自分もその街に行くからといって私を乗り場まで連れていってくれたのだ。そしてその移動中、公安の検問所でいきなり引きずり降ろされ、数人の公安によって暴力を受けることになった。

あのときの空はこんなに青くなかった。冬のどんよりとした鈍色の雲が頭上を覆っていた。もしあのとき、空が青かったら、何かしら違う結果があったのだろうか。わからない。空はいつだって無言である。風が吹けば雲が生まれ、雨が降る。冷気が流れ込めば雪を降らし、太陽が出ると世界を明るく照らす。自然の摂理に従った営みを繰り返すのみである。対照的に地上ではチベット侵攻、カンパによる抵抗、ムスタン王国の終焉など。人間中心の考えに基づいて世界が回転してきた。チベット文化圏は地球上で最も空に近い場所でありながら、地上と空はどこまで行っても交わることはないのかもしれない。

そんなことを考えていると、うとうととしてきて眠りについた。夏の風は心地よく、まぶたは重くなるばかりである。からん、からんという音が近くでして目覚めると、草を食む馬の首につけられた鈴の音だった。

翌日、私は自分も馬に乗りたくなり、泊まっていた宿の主人にお願いをして一頭借りることにした。用意された馬の茶褐色の毛並みはしっとりと輝いていた。馬に跨がると、温もりが体を通じて伝わってくる。手綱を握り、足で合図を出すと従順に歩き始めた。

ローマンタンの北側にあるチョセ村へ向かうことにした。この村は国境がもう目と鼻の先である。

谷を越えると、平らな大地が広がる。馬は一定のペースで歩き続ける。もし、このまま馬に乗り続けてチベット国境まで行ったらどうなるだろうかと考えてみる。服装は違うかもしれないが、私の顔つきはチベット族にかなり近いものがある。前夜も、泊まっていた宿に主人の知人が来たとき、私のことを現地人だと勘違いし、チベット語で話しかけられたほどである。

ムスタンに住んでいる人々はチベット族であれ、正式にはネパール国民である。国境を越えるには身分証明書が必要になる。そもそも人の行き来は認められていないかもしれない。では、国境をまたぐ道ではなく、山を越えて行ったらどうだろうか。河口慧海のように潜入してみるというのも考えられる。当時、密入国者は殺されていたというが、いまはどうだろうか。うまくいけばチベット人に紛れてしばらく滞在できるかもしれない。しかし、公安に見つかったら、殺されることはないにしても、スパイ容疑でかなり過酷な時間を過ごすことになるだろう。

私はチベット自治区に行ったことがない。私がチベット文化圏と呼んでいるのは、チベット自治区の外にあるチベット仏教が根付く場所のことである。東チベットも中国の行政区分に従っていえば、四川省と青海省に位置する。

数年前、三年にわたる旅の最後、実は私はチベット自治区に行こうとしていた。聖なる山カイラスへ向かうつもりだったのだ。ちょうどそのとき、五年に一度の中国共産党全国代表大会が開かれ、党指導者が一新されようとしているタイミングであった。締め付けの厳しいチベット自治区では数ヶ月前から反対運動が散発し、僧による焼身自殺も多かった。そのような現状を外国人の目に触れさせたくないがために、その時期、チベット自治区の入域許可を得るのが非常に難しかった。私は四川省の成都《せいと》で申請を出し、街の片隅にある安宿でじっと申請結果を待ったが、通常一週間で返事が来るのに、可とも否とも返事が来なかった。その間にも、許可が必要ではない中国人たちは、さも当たり前のようにチベット自治区の中心の街ラサへ向けて旅立っていく。

結局、長い時間を経て帰ってきた答えは、却下であった。

私は長い旅の終わりに、カイラス山をコルラすることをひとつの目標にしていた。二〇代前半の頃、ネパールから陸路でチベット自治区へ向かおうとしたときがあったが、そのときは崖が崩落し通行止めになったために断念していた。だから、旅の最後にどうしてもカイラス山に行きたいと思っていた。

それは旅の早い段階から思い描いていたことであり、旅のゴールらしきものをほとんど考えていなかった私にとって、旅を終わることを自身に納得させることができる唯一の機会だった。カイラス山をコルラすれば、きっと自身の心のなかに何かを得られると信じていた。それが政治的な要因で消えてしまった。

大いに落胆した私は、結局、バスに乗って四川省の奥地に広がる東チベットへと向かったのだった。東チベットはチベット族が呼ぶところのカム地方にあたる。カイラス山はそこにはないが、しかし、チベット族の世界を知ることはできるかもしれない。そんな気持ちで向かったが、結果、そこには想像を超える深いチベットの世界が広がっており、またパンツォとの出会いがあり、旅の終わりがもたらされることになった。今から考えると、それはある意味、導かれていたのかもしれないと思う。

いま私がこの国境を越え、河口慧海のように潜り込み、カイラス山に行ったとしたらどうなるのだろうか。また弾かれるだけかもしれない。きっとカイラス山は私が本当に必要なときに、目の前に現れるのだろう。

そんなことを馬の背で考えていると、なんとなく察知したのか、それともただいつもの歩き慣れている道を歩いているだけなのか、馬は私が指示をするまでもなく、国境ではなくチョセ村のほうへと勝手に進んでいった。

チョセの小さな集落にはふたつの僧院と、ふたつの岩窟僧院がある。

その岩窟僧院のひとつに行こうとしたら、呼び止められた。その険しい話しかけられ方に、嫌な予感がした。案の定、五〇代くらいのチベット族の女性が手を差し伸べ、お金を払えという。それは構わないが、値段を聞いて驚く。一〇〇〇ルピーだという。一〇〇ルピーの間違いじゃないかと問いただすと、それはネパール人の価格だという。つまり、外国人は一〇倍の値段を払えということである。ちなみに前年まではネパール人五〇ルピー、外国人二五〇ルピーだったそうである。

ここまで来たら行かないという選択肢はなく、しぶしぶ一〇〇〇ルピーを払って岩窟へ向かった。馬はこちらの気持ちを察しているのかいないのか、退屈そうな瞳をして、遠くを眺めていた。

岩窟僧院は切り立った崖の壁面に穴を空けて造られている。高さは五〇メートル近くあるだろうか。垂直に切り立った壁面に、穴がいくつも空いている。狭い入り口を入ると、なかは迷路のように小さな部屋が横に連なっている。奥に進むと上に上がるはしごがあり、岩窟は三段構造になっていた。一〇八の部屋がある。煩悩の数と同じである。

もともとはただの岩壁だったところを、ひとつずつ掘り、くりぬいて造ったそうである。大きさはまちまちで、ひとりしか入れないところもあれば、一〇人は入れるような部屋もある。天井の高さはおおよそ一メートル半ほどで、腰をかがめなくては歩けない。明かりは外に向かって空けられた穴から差し込んでくるが頼りなく、部屋の隅のほうには闇が広がっている。天井は煤《すす》で真っ黒になっており、煤けた匂いがこびりついていた。

およそ七〇〇年前、チベットからこの地に来た人々が暮らしていたのだという。その後は僧たちの瞑想の場所として使われ、やがてチベット侵攻のときには中国に抵抗するカンパの最前線として、その拠点となった。

いまとなっては使うものもおらず、村人が外国人からお金をもらうための手段となっている。


僧院を出たすぐ近くにある小さな商店には中国製品がたくさん並んでいた。雑貨、お菓子、ビール、おもちゃなど。インドから入ってきているものよりも、圧倒的に中国製のものが多い。商店のなかにはテレビがあり、数人の村人たちが衛星放送でインドの番組を見ていた。アンテナは中国製である。子供たちが商店にお金片手にやってきては、お菓子を買っていく。机の上に置かれていた瓶入りのケチャップがどこから来たのかふと気になって裏を見てみたら、ベリーズ製だった。中米の小国とムスタン王国がどうしたら繋がるのかがわからず、不思議だった。

この村はローマンタンより更に標高が高い場所に位置する。本来ならもっと物質やお金から離れていくはずなのに、チベットを実質支配する中国との国境に近づいていくため、逆に物質社会に近くなっているのである。年に数回、国境に市場がたち、その際に彼らはそういった製品を買って帰ってくるのだという。

この村にはゴミが多いのも特徴だった。「可口可楽《コカコーラ》」と書かれた缶だったり、「拉薩啤酒《ラサビール》」の瓶だったり、漢字が書かれたお菓子やカップ麺だったり。これまでそのようなものとは無縁な生活をしていたはずなのに、道が一本できたために、生活ががらりと変わってしまう。国境を越えチベット自治区に行ったとしても、私が求めるチベットは、もはやそこにはないのかもしれない。

夕方、馬に乗ってローマンタンまで戻ってきた。

到着前、丘の上から街を見下ろすと、大きな虹がかかっていた。非の打ち所のない完全な弧の下で、荒涼とした大地が鋭い夕日に照らされていた。露出した地層が幾重にも重なり合い、褐色の大波が打ち寄せているかのようだった。

実際、ローマンタンには高潮が近づいている。それはグローバル化の嵐である。道を辿ってやってくる波は城壁に囲まれた街に徐々に浸水している。半分近く崩れ落ちた壁から入り込み、守られているものを外へと引きずり出す。嵐がやまなければ、そのうち街は波に飲まれるだろう。できることと言えば、じっと耐え忍ぶことだけである。

高台から見下ろす街は、まるで立体曼荼羅のように見えた。細部のひとつひとつに物語があり、生と死があり、心がある。隔離されたこの四角形のなかは完結されたひとつの世界である。いや、かつては完結した世界であったと言うべきかもしれない。いまは道ができ、他の世界と繋がり、崩れた城壁から伝統と文化が溶けて漏れ出している。
やがて西日は山の稜線の彼方に消え去り、風景はまるでグレーの膜を被せられたように色彩を失い、褐色のうねりも消えてなくなった。

翌日、ローマンタンを離れ、南へと歩き始めた。順番が逆になってしまったが、一週間かけてジョムソンまで歩いて帰る。まずはツァーラン村を目指す。
鎖国で外国人が入国できなかった当時のチベットへ潜入するため、河口慧海はムスタンから西にあるドルポを経由し、道なき道を進みチベット西北原を目指した。そのルートを見出すまでの間、ツァーラン村に滞在した。

この村の夏の景色の美しさはこの山人も自ら他に誇って居るように清くして美しい。麦畑は四方の白雪皚々《がいがい》たる雪峰の間に青々と快き光を放ち、その間には光沢ある薄桃色の蕎麦の花が今を盛りと咲き競う、彼方此方《かなたこなた》に蝴蝶《こちょう》の数々が翩々《へんぺん》として花に戯れ空に舞い、雲雀《ひばり》はまた華蔵《けぞう》世界の音楽師は我のみぞと言わぬばかりに謡うて居る。

『チベット旅行記』

この美しい村が河口慧海の心を捉えて滞在を長くしたのか、一年以上にわたって村で過ごしている。その間にチベット西北原へと抜ける間道を探し続けた。

このとき私が歩いていた道は、昔から使われているローマンタンとツァーランを結ぶ道である。河口慧海が歩いた道と同じであるはずだった。

ローマンタンから歩き始めるとすぐに道は上りになり、峠を越える。

前日まで高山病のためか体調が芳しくなかったが、歩き始めると少しずつ良くなっていった。峠を越えるとあとは下りと平坦な道が続き、ペースはあがっていく。

歩を進めれば進めるほど、無になっていく感覚がある。ランナーズハイという現象があるが、そういったものに近いのかもしれない。意識がひとつのところに凝縮されていく。無意識のうちに障害物があれば避け、道が曲がれば曲がる。足はまるで意識を持った独立したひとつの生物のように規則正しく動く。脳内が、心のなかが、空になっていく。

時間の感覚は抜け落ち、ふと気づくと自分がいつから歩いていたのかがわからなくなる。何を考えていたのかもわからず、目の前に荒涼としたムスタンの景色だけが広がっているのだ。振り返って見ても、歩いてきた風景に見覚えがない。空気の薄い高地がそうさせるのか。歩くことによって体内から何か化学物質が分泌されるのか。それともこのムスタンという祈りに満ちた大地に不思議な効果があるのか。ひょっとしたら、瞑想とはこのようなものなのかもしれない。そんなことを考え、また歩く。その繰り返し。

ツァーランまでの道程は険しい岩山の谷間を抜けて行く。岩壁には時折、岩窟があり、ぽっかり空いた穴の向こうから誰かがこちらを見ているのではないかという気がした。かつてそこで修行していた僧たちの想念がいまだに漂っているのではないだろうか。

ちょうど中間点あたりに、巨大なストゥーパ（仏塔）が建てられていた。仏塔は悪しきものを追い払うために建てられている。それを時計回りにぐるりとコルラし、また歩く。

山の頂は黒い雲に覆われていたが、歩いている場所はずっと晴れており、汗が噴き出す。三時間ほど歩き続け、ツァーラン村に到着した。

村には二〇〇戸くらいの家屋が密集している。路地が入り組み、ふと曲がると伝統衣装を着た老女が、水路でバター茶を作るためのドンモを洗っていた。それは一〇〇年以上何も変わっていないのではないかと思わせるような光景である。

集落のまわりには畑が見渡す限り広がっている。この時期、村人たちは農作業に忙しい。夏も後半に差し掛かり、芥子《からし》と大麦の収穫の時期を迎えていた。あと一カ月くらいですべてを刈り入れ、長い冬を越す準備を整えなければならない。早朝から日が暮れるまで、大半の村人は畑で作業をしている。村に残っているのは子供と老人たちだけだった。

閑散とした村で泊まるところを探すのは苦労したが、なんとかその日の寝床を見つけ、部屋に荷物を降ろした。そこは元々大家族で住んでいた大きな家屋で、空いている部屋を泊まれるようにして旅人に提供していた。

石を積み重ね、藁と粘土を捏ねた土を隙間に塗り込んだ壁。壁面は白く塗られ、木造の小さな窓枠がいくつか取り付けられている。なかは薄暗く、二階の中央には居間があり、竈がある。竈の脇には燃料となる乾燥させたヤクの糞が積み重ねられている。また小さな部屋には祭壇があり、ムスタン王国の最後の国王の写真が飾られていた。その脇にチベットに仏教をもたらした開祖パドマサンバヴァのイラストが置かれていた。

少し休憩したあと、村の外れにある丘に立つ僧院を訪れることにした。私はここで、ひとつ確認したいことがあった。

村の外れにある僧院の小さな木造の門を抜けると、右手に四階建てくらいの高さの本堂がある。およそ七〇〇年の歴史があるらしい。入り口には細かい刺繍の垂れ幕があり、ところどころ黒ずみ、時の経過を感じさせる。

入り口の扉から漏れ出すように読経が聞こえた。ちょうど祈禱の時間が始まったようであった。覗くと、薄暗いなかに臙脂の袈裟を着た数十人の僧たちが二列になって向かい合い、手元にある経典を見ながら真言を唱えていた。壁面には古びた仏画がいくつも描かれており、こちらを見据えている。正面には極彩色の砂で描いた砂曼荼羅の上にいくつかの仏像を置いた半立体曼荼羅があった。

堂内は蓄積、熟成、発酵を繰り返しながらこびりついたバター茶の匂いが、同じく堂内で積み重ねられてきた無数の祈りと混ざり合うようにして、独特の匂いを放っていた。暗がりに静かに座り、目を閉じる。鼻を通じて祈りの匂いが体内へと入り込み、満たされていくような感覚。心が落ち着く。

本堂の外では、食堂の近くで若い僧たちが何をするわけでもなく、日陰で涼んでいた。ちょうど祈禱が終わり、自由な時間なのかもしれない。そのうちのひとりに、私の知人によく似た僧を見つけた。日本人とチベット族の顔はよく似ている。私自身も、何度もチベット人に間違われ、チベット語で話しかけられた経験がある。その僧は私の知人にあまりに似ているので親近感が湧き、思わず話しかけた。

彼はまだ二〇代後半で若かった。ムスタンで生まれ、一八歳のときに僧院に預けられた。このあたりの古い習慣で、三人兄弟の真んなかは寺院に預けられることになっていたために僧になったという。いまはそういうことはないらしいが、彼はそのことを徴兵制みたいなものだと言って笑った。笑うと、ますます知人に似ている。その後、彼はインドで八年間仏教を学び、つい三ヵ月前にこの僧院に来たという。

他人の空似で勝手に親近感を覚えた私は、思い切って質問をしてみた。

「この僧院のどこかに、日本人の高僧の像がないかな?」

私はこの村でひとつの像を探していた。それはこれまではほとんど知られておらず、ツァーランの僧院のどこかに隠されていると言われていた。現地ではジャパニーズ・ラマ(日本人の高僧)の像と呼ばれているその像は、もしかしたら河口慧海の像ではないか。私はそれを実際に見られないだろうかと考えていたのだった。

隠されていると聞いていたので、私はそう簡単に見せてもらえるものではなく、存在していることさえも教えてもらえないのではないかと予想していた。突然現れた素性のわからない人間に、本当のことを言うとは思えない。しかし、その若い僧は予想に反して、まるで旧知の友人であるかのように「あるよ。見る?」と答えた。まさかこんな展開は想像していなかった。数日滞在して、毎日通って交渉をしようかと思っていたのだが。

とにかく、私たちは早速、その像が置かれている場所へと移動することにした。僧院の片隅に、現在の本堂の前に使われていたかつてのお堂がある。建物は古く、外壁は半分崩れ、傾いていた。扉には鍵がかかっており、普段はなかに入ることができない。彼はこのお堂の管理を任されているようで、鍵を持っていたのだ。

堂内は穴の空いた天井から差し込む光が塵に反射して白い筋となっていた。堂内には何もなく、正面の壁面に古い棚があり、チベットから運ばれてきた古い経典が並んでいるだけだった。

どこにあるのだろうか？　像というからにはある程度の大きさがあるはずである。しかし、一〇畳ほどの狭い堂内にそれらしきものは見当たらない。やはりないのか。

知人似の僧は何もない堂内を奥へと進み、正面の壁に接している棚の前で立ち止まった。そしてゆっくりと棚の端を持ち上げ、少しずつずらし始めた。古い経典が落ちて壊れないように注意しながらゆっくりと動かす。長年積み重なった埃が舞い上がり、咳き込む。やがて人がひとり通れるぐらいの隙間ができると、振り返ってこちらを見て、そこに入ってみろと言う。どうやらこの棚は後ろの壁面に接しているのではなく、空間があるらしかった。

体を横にして奥に入る。光がまったく届かないせいで何も見えないが、しばらくして目が慣れてくると、暗闇のなかに古びた像の輪郭が浮かび上がってきた。

赤い三角の帽子を被り、大きく目を見開いた木製の像が台座の上に鎮座している。胴体はずんぐりとしており、背は低い。全体に埃を被っていてわかりづらいが、顔や体は金箔で彩られており、くすんだ輝きを闇のなかで発していた。

これがジャパニーズ・ラマの像かと聞くと、そうだ、我々はラマ・ナムタと呼んでいると言った。かつて村に滞在していたことのある日本から来た高僧で、人々の怪我や病気を治してくれたと聞いていると付け加えた。

よく見ると、像は片方の手で印を結び、もう片方の手はあぐらをかいた足の上で、上に向かって置かれている。その手のひらの上に何かが載っている。丸くて飴玉のようなものである。誰かが勝手においたのかと思ったが、それも像の一部として作られたものであった。

河口慧海はこの村に一年以上滞在していた。肉を食わず、酒も飲まず、禁欲的な日々を送り、毎日仏教の研究に励んだ。村人たちが困っているときは助言を与え、また病気になったときは薬の知識を生かして丸薬を処方した。それまで薬を飲んだことがなかった村人たちには効果が大きく、実際に科学的に効用がなかったとしても、信心深い村人たちは薬を飲むだけで体調が良くなったという。その結果、河口慧海は村人から慕われ、尊敬されるようになっていった。

埃を被った像の手のひらに載っている丸い玉は、もしかしたらその丸薬を模したものかもしれない。だとすれば、この像が河口慧海である可能性はかなり高くなる。

二年近くの滞在ののち、険しい山を越えてチベットの西北原に達することができた河口慧海はこの地に戻ってくることはなかった。村人たちは村を守護する存在として河口慧海の像を作り、崇めたのではないだろうか。

外に出るとき、棚はまた元の位置に戻され、像は隠された。お堂の扉を閉じ、鍵をかける。その瞬間、再び堂内の時間が止まる。次に、この像が人目に触れるのはいつのことになるだろうか。古びた像の見開かれた瞳は、その後も、記憶のなかできらりと輝き続けた。

太陽は少し西に傾いたものの、日射しはまだ強烈に肌に突き刺さってきた。村人たちは変わらず農作業を続けている。夏の一日は長い。日が沈むまでまだ時間はある。ことのほか早く目的を果たすことができたので、すぐにでも出発して次の村に行くという選択肢も考えられたが、ツァーラン村の雰囲気や景色が、これまで見てきたムスタンの村とは違いとても穏やかで、伝統に根づいた生活が身近に感じられたため、しばらく滞在することにした。

ツァーラン村での滞在は、心休まるものだった。

早朝、あたりが明るくなり始める頃、窓の隙間から朝日が一筋の線となり、どこからともなく聞こえてくる読経の声とともに室内に入り込んできて、目覚める。

外に出ると張り詰めた清涼感のある空気があたりに漂い、濁りのない一日が始まる予感に満ちている。各家屋からは煙が立ち上り、人々の生活の息吹が感じられる。早いものはすでに朝日のなか、畑で刈り入れをしている。男たちは家畜を連れて放牧へと向かう。村での朝はいつでも新鮮で輝いて見えた。

僧院ではすでに子どもたちの祈禱が始まっており、堂内で落ち着きなく読経をし、柔らかな手に金剛杵を握っている。声量は大人のものに比べて厚みがないが、それでもあどけない声は心に優しい。やがて薄暗かった本堂も天井から朝日が差し込み、壁面に描かれた無数の曼荼羅や神々が暗闇のなかから浮かび上がる。松脂を燻した匂いが充満し、バター茶を啜る音が聞こえる。

そうやって一日が始まる。

確かにこの村にも道が通じ、車が通り抜けている。中国製品もわずかだがある。それでもここには昔から続けられてきた日々の生活がある。道に依存するものはおらず、お金や物に固執するものもいない。写真を撮っても何かを求められることもないし、みな親切に接し、挨拶をする。南と北の両側から押し寄せる物質化の波。村はその危うい狭間で、自分たちの生活を維持していた。

ここにいると、公安や検問所、血の記憶は、遠のいていくように思えた。

数日の滞在のあと、移動を開始した。というのも、ムスタンの滞在許可が一〇日間しかなく、それまでにジョムソンまで戻らなければならないのである。できれば河口慧海のように、この村に一年ほど滞在してみたいが、そういうわけにはいかない。

早朝に宿を出て、村の裏にある山を登った。道はずっと峠の向こう側まで続いていた。途中、振り返ると眼下に畑がパッチワークのように広がっていた。畑で作業する人たちが、蟻のような小ささで動き回るのが見えた。蕎麦が薄桃色の花を咲かせ、裸麦がたわわに穂をもたげる。薄桃色と緑のモザイク模様となり、山に囲まれた平地部分を埋め尽くしていた。

『チベット旅行記』に次のように書かれている。

陽暦の八月頃は蕎麦の花盛りで非常に綺麗です。私はその時分に仏間に閉じ籠って夕景までお経を読んで少し疲れて来たかと思いますと颯《さっ》と吹き来る風の香が非常に馥《こう》ばしい。何か知らんと思って窓を開けて見ますと雪山から吹き下す風が静かに蕎麦の花の上に波を打ちつつ渡って来る風でございました。その時に一首浮びました。

あやしさにかほる風上眺むれば
　花の波立つ雪の山里

私はこのとき、まさに河口慧海が詠んだ風を感じながら、村をあとにした。

坂道を登りきると、峠が見えた。息を切らせながら歩き、ようやくの思いで峠まで出たと思ったら、さらに上りが続いている。延々登り続けること二時間ほど。眼下にダグマ村が見渡せる頃にはツァーラン村で得た穏やかな気分は汗とともに体内から噴き出して消え、疲労困憊してしまった。

二〇戸ほどの小さなダグマ村で少し休憩したあと、またしても急な上りが続き、さらに峠を越えると遠くのほうにギリン村が小さく見えた。この日の目的地である。

ギリン村に着いたのはいいが、ほとんど人がおらず、ひっそりしていた。こんなことなら急いで歩かずに、途中の村々を少し見てから来ればよかった。寂しい村である、というのが第一印象だった。家屋などはきちんと手入れがされ、人がしっかりと生活している様子がうかがえる。しかし、とにかく人がいない。ここでも収穫期が始まり、村人はみな畑にいるのだろう。

村を見渡す高台にある僧院は寂れており、いまにも崩れ落ちそうであった。規模も小さく、数人、もしかしたら管理している僧がひとりで住んでいるだけかもしれない。しかし、ここにも人がいない。僧も畑に行っているのだろう。太陽が山の稜線にかかって日が当たらなくなるまで僧院から景色を眺めた。

しばらくすると、刈った穀物を背負った村人が村に帰ってきた。馬を数頭引き、背には大きく山になった草が積まれている。荷の草に埋もれて馬は顔しか見えず、まるで草の塊が動いているみたいである。村人は草を降ろすと納屋に入れ、すぐにまた畑に戻る。それを繰り返している。

あてもなく村を歩き、そろそろ宿に戻ろうかと考えていたとき、畑に戻る四〇代ぐらいの女性に話しかけられた。何もすることがないならついておいでと誘ってくれたので、一緒に行くことにした。実際、言葉はほとんど通じないが、日本人と同じ顔立ちをしているため、何となく表情などから言っていることがわかるような気がするから不思議である。

一緒に畑の狭い畦道《あぜみち》を歩いていると、「どうした？　それは誰だ？」とみんなに聞かれる。すると彼女は、私の新しい恋人よ、みたいなことを言って笑って答える。村人たちはみんな仲が良いみたいである。

彼女が作業している畑に到着すると、他に数名作業している村人がおり、私を見るとみな手を止め、チャイを差し出してくれた。一口含むと、とても甘い。一日中働き続ける彼女たちの疲労を回復するには、これくらいの糖分が必要なのかもしれない。

休憩も束の間、すぐに作業に戻る。日が暮れるまでもうあまり時間がない。草を刈り、まとめ、束ねていく。刈りたての草は水分を多く含んでいるため重い。四〇キロ近い重さのある塊を背負い、村へと戻る。彼女らと同じ大きさは無理だが、私も一杯のチャイのお礼代わりにと、小さめのものを背負って歩いた。

彼女と一緒に畑から村に帰ってくると、村が突然動き始めた。それまでの静寂は消え、さまざまな音や表情に溢れている。人々が帰ってきたのである。子供たちが奇声を上げて犬と一緒に走り回り、女たちは火をおこして夕飯の仕度を始める。家々の屋根から煙が漏れ出す。輪になって酒を飲んでいる男たち。水路で体を洗う青年たち。何をするでもなく片手にマニ車を持ち真言を唱えながら歩き回る老女。寝床へ戻るために右往左往している数百を超す山羊たち。一体どこにこれだけの人と音が隠れていたのだろうかというぐらい、さまざまな生活感に満ちていた。

高台にある古びた僧院にも小さな電灯が灯った。どうやら僧も帰ってきたみたいだった。

翌日、また早朝から歩き始めた。もう少しゆっくり過ごしたいが、時間がない。翌日にはムスタン地方を出なければならない。そのためには、この日は丸一日歩いてチュサンまで戻らなくてはならない。

ギリンを越えると、薄桃色の花が咲く蕎麦畑はなくなった。標高の違いによって花の咲く時期が違うのかもしれない。

登り、下り、また登る。その繰り返し。峠を越すたびに風景が変わる。乾燥した大地から、緑に覆われた谷。赤茶けた崖が連なる谷。谷をいくつも越える。その間、無心で歩き続ける。体はすでに高度順応しており、肺が締め付けられるような苦しさはない。リズミカルに足音を刻み、どこまでも歩いていけるような気がする。休憩するのも億劫になり、歩き続けた。一〇時間ほど歩くと、道は下りが続くようになり、最後はチュサンに向けて急な崖を一気に下った。

チュサンの村は行きに乗り合いジープに乗り込んだ場所である。ジープで移動した行程を、別ルートを辿って歩いて戻ってきたことになる。

車で行くのと歩いて行くのとでは見える景色がまったく違っていた。進むスピードも違えば、疲労感も、出会う風景や人との距離感も違う。空の青さが違い、空気の味が違い、風の匂いが違う。当然のことながら、歩いたほうが達成感はある。肉体に蓄積された疲労は足の裏から伝わる凸凹とした大地から得られたものであったし、乾燥した風を感じ続けた肌には多くの感覚的な記憶が刻まれていた。歩いたあとになれば、車で移動したときの記憶は遠く、朧気《おぼろげ》である。

ここまで下りてくると、人々の表情の土臭さが少し減る。ギリンからチュサンにかけては急勾配の険しい山々が横たわっており、そこがある種の分水嶺になっているようであった。そう考えるとギリンからツァーランまでの地域が、昔ながらのムスタンの生活を垣間見ることができる場所であるようだった。ローマンタンは中心地であるが故、その北のチョセはチベット国境が近いが故、チュサンはジョムソンまで近いが故に、それぞれ何かしらを失っているのかもしれなかった。

翌日、チュサンからムクティナートへと歩いた。

標高三〇〇〇メートルから歩き始め、四二〇〇メートルの峠を越える。順調に歩き続け、二時間ほどで峠を越えることができた。遠くにムクティナートの村が見える。村の背後には苔のようにくすんだ緑に覆われた険しい山がある。久しぶりに見る緑である。ここで雨と乾燥地帯の分水嶺も越えることになる。それはムスタンから離れることを意味した。

私は無事に戻ってきたことに安心して気が抜けたのか、ふとした瞬間に左足首を激しく捻ってしまった。まったく予期していなかったため、かなりの体重が足首にかかってしまい、グギッだか、ブチッだか、そんな音が体内で聞こえた。痛みは酷く、しばらく歩くことができなかった。ほぐそうとしても曲がらない角度があるようで、激痛が走る。しかし、とにかく歩かなくてはどうしようもない。半分引きずるように少し歩いては立ち止まり、また少し歩いては立ち止まるを繰り返し、ムクティナートまでの道のりを歩いた。

ムクティナートは、ヒンズー教とチベット仏教の両方の聖地とされる場所である。ひとつの寺院が両方の教えの役割を担っており、他にない光景を生み出している。タルチョがはためく脇で、ヒンズーの祈りの鐘の音が響く。マニ車の横にヒンズーが神の使いとする牛の像がある。独特の空気があたりに漂う。

足の状態は良くなく、仕方なく宿に籠もることになった。ムクティナートは多くのトレッカーが訪れる場所であるためツーリスト向けの宿が多い。衛星を使用したインターネット回線を提供する宿もある。私は足の痛みを紛らわすために久しぶりにインターネットに接続した。するとその瞬間に情報が目の前で氾濫し、襲いかかってくるような気がした。この一〇日間はずっと自分の目の前にあることだけが世界のすべてだった。自分の目で見て、感じたことをもとに物事を考え判断し、その結果を受け入れればよかった。しかし、ひとたびインターネットの情報の海に飛び込むと、急に自分の立ち位置がわからなくなる。インターネット上には誰かが見た世界が溢れ、誰かの考えが溢れ、誰かの信じる価値観に溢れていた。それらが声高にモニターのなかで主張をするのである。そしてその主張をしている誰もが、自分が絶対的な正義だと信じており、正義と正義がぶつかり、混沌としていた。その世界では、祈りという言葉が氾濫するのにもかかわらず、私が知っている祈りとは程遠いものばかりだった。

インターネット上ではムスタンで見てきた世界とまったく別の価値観が存在しており、それを前にして、自分はこんな世界に生きており、またそこへ戻るのかと思うと、気が重くなるようだった。

結局、足の痛みはあまり良くならず、仕方なくジョムソンまで乗り合いジープで戻ることにした。さらには、飛行機でポカラまで戻るはずが、悪天候のため飛行機は飛ばず。仕方なく、ポカラまでの行程をジョムソン街道に沿って車で向かった。さんざん道の功罪や文明を批判しておきながら、結局は頼りっきりである。所詮、私は現代社会に属する人間なのである。

ジョムソンを越えてしばらくすると、あたりは分厚い雨雲に覆われた。それまで一〇日間、宇宙を見渡せるような空を見続けたというのに、雨雲の下では青い空を想像することすらできなくなってしまった。

それはコルラの旅が終わりに向かっていることを示唆しているかのように思えた。

青黒く澄んだ空の下で過ごした日々が、遠く離れていった。

Amdo (青海省)
2015.09.22 - 09.30
西寧から成都
西寧
15hrs. by bus.
玉樹
石渠
甘孜
6hrs.
P U T A S H A N
MAXIMUM TERRAIN ELEVATION ARE BELIEVED NOT TO EXCEED 19000 FEET
RELIEF DATA INCOMPLETE

第4章

龍の雷

雨が降っていた。

私は濡れたまま路上に立ち手を上げるが、停まってくれる車はほとんどなかった。タクシーは雨のせいで利用客が多く、時折停車する運転手も、私が彼らの話す言葉を話せないとわかるや否や、何かを罵るような言葉を吐き捨て、走り去った。

私はそのことについて不快に感じることはなかった。自分が何者でもない存在になり、雑に扱われることにより、知らず知らずのうちに囚われてしまっている常識から解放されていく感覚がした。雨粒がひとつ落ち、服の濡れている箇所が徐々に増えていくように、心が旅情に満たされていく。

場所は中国青海省西寧《せいねい》。空から見ると赤や黄、茶の大地がグラデーションを創り出す荒野の真んなかに突如として近代的なビルが密集して並んでいる。どのビルもけばけばしい人工的なネオンに彩られ、他の中国の都市と大きな違いはなく、地域性が感じられない。そのためか、街は大地に馴染むことなく、風景に違和感を与え続けていた。

鎌倉の自宅で雪が降るのを見てからこの旅を始める決意をし、旅はダラムサラとスピティ谷で始まった。その後ムスタンを巡り、日本と各地域を行き来しながら、チベット文化圏に暮らす人々の生活を見てきた。そして、いまようやくここ青海省までやってきた。初めの出発からすでに一年半近くの時間が経っていた。

ずぶ濡れになりながら宿に入り、一息つく。古びた高層マンションの一室を改築した、チベット族が運営する小さな宿は、街の無機質な世界とは裏腹に人の匂いがした。雨のなかよく来たねと、チベット族の男性が親しみのある表情を浮かべた。

今回の旅では青海省を抜けて四川省に入り、検問所に向かうつもりであった。数年前、乗っていた車からパンツォが理由もなく引きずり降ろされ、暴行された検問所。この旅を始めるきっかけとなった記憶の場所である。

西寧から陸路で南下する。途中、玉樹《ジェクンド》や石渠《セルシュ》などに立ち寄り、陸路で四川省に入る。甘孜《カンゼ》に立ち寄り、そこから道孚《ダオフ》経由で成都に抜ける。検問所はその途中にあるはずだった。

青海省から四川省に入ると、検問所は一気に増える。この地域はチベット族と中国政府との軋轢《あつれき》が多く、幹線道路の各所で検問がある。公安が乗客を確認し、荷物のチェック、身分証明書の提示が求められる。政治的に不安定なときは特に厳しくなり、外国人は追い返されることも多い。ましてや、カメラをいくつも持ち歩いていると、不審に思われる可能性は高い。実際、以前訪れた際は何度も検問所で追い返され、なんとか街に入ったとしても、公安に尾行され、拘束されたことが何度もあった。常に誰かの目を気にし、時には密告される。いつときも気が抜けない緊張が続く。公安の冷たい目が街のあちらこちらに潜む。

雨が小降りになってきたのを見計らって、外へ食事に出掛けた。周辺には小さな食堂が並んでおり、軒先から湯気に混ざってさまざまな香辛料の匂いが湧き出ていた。羊肉をスパイスでまぶして串焼きにしたシャシリクを出す店が多く、イスラム教徒が多いようだった。それらの店でチベット族や漢民族が席に座り、肉を頬張っている。食という人間にとって生きる上での根源的な欲求の前では、民族や宗教などはそれほど多くの意味をもたないのかもしれなかった。私は他の客に混ざり、冷たい椅子に腰を下ろした。

硬い肉を噛んでいると、染み込んだ香辛料の匂いが口内に広がる。クローブの清涼感が漂い、唐辛子が舌を刺激する。それらの感覚を味わっているとき、ふと心のなかにあったもやもやとした不安が形を取り始め、膨れ上がっていくのを感じた。あのとき、車中で感じ続けた不安感。そこには恐怖も含まれていた。暴力が進行している状況を前に、何もできずにいた無力感。あのとき感じたさまざまな心の動きが、肉から肉汁が滲み出てくるように湧き出し、心を圧迫していった。

殺風景で、まったくもって旅情が感じられない巨人な西寧駅近くのバスターミナル。数日後に大きな法要が四川省と青海省の境にある寺院で行われるためか、乗客で溢れかえり、目的地の玉樹へと向かうバスに乗ることができなかった。仕方なくターミナル内を歩いていると、乗り合いのタクシーの運転手に話しかけられ、値段も大きく変わらなかったため、乗り込んだ。バスで行くと二〇時間近くかかるが、乗り合いの車だと一二時間で行くことができるということだった。

西寧の街を抜けると、灰色がかったゴツゴツとした岩山がしばらく連なる。その様子を眺めていると、知らぬ間に眠ってしまった。目が覚めると、都市の生活感は風景から綺麗さっぱり消え去り、一面の草原地帯だった。黄色みを帯びた薄茶色をした枯れた草木が大地を覆い、水分を存分に溜め込んだ鈍色の雲がその上に覆いかぶさっていた。しばらく走ると雨が降り出し、やがて雪になった。気温はぐっと下がり、視界は白く霞んだ。先程までの茶と鈍色の二色の世界が、雪で白一色に塗り替えられていく。時折、霞んだ風景のなかに黒い点がいくつも見えた。ヤクの群れである。馬に乗った男性が数百頭を超すヤクを追っている。

景色は何時間走っても大きくは変わらなかった。白い世界に時折、中国共産党のプロパガンダの巨大な赤い看板が現れ、目に飛び込んでくる。それはまるでマイルストーンのように、等距離間隔で現れ、単調な世界に飽いている車上の人々の心に無意識のうちに刷り込まれていく。それを幾度となく眺めすっかり思想が赤く染まりそうになった頃、マトゥという小さな村に到着。小さな食堂で、もうもうと上がる湯気のなか、スープに餃子が入ったものを食べる。日本の餃子とは違い皮が厚いが、癖の強い羊肉の臭みと調和し、空腹を抱えた胃を温かく満たした。

雪がちらちらと舞うなか、また車に乗り込み走り出す。日が暮れる前、雲の隙間から太陽の光が差し込み、大地に劇的なグラデーションを創り出したが、それも束の間、風景はすぐに闇に閉ざされていった。私は心の深い場所に、暗い蠢きを感じた。

深夜近く、玉樹の街に到着した。

チベット東部に位置し、古い交易の街として栄えた場所である。西寧から南へ一〇〇〇キロ。標高四〇〇〇メートルの高地を越えてきただけに、チベット文化の色濃い集落のような場所を想像していたが、想像と大きく違っていた。車を降りて目にしたのは煌々《こうこう》と輝く安っぽいネオン街であった。西洋の城を模した巨大なホテルが電飾で輝き、あたりには乾いた車の騒音が響いていた。この日の長い移動は何だったのか。また無味乾燥な西寧に戻ってきたのではないか。私は徒労を感じ、街の片隅にある安宿の粗末な部屋に転がり込んだ。

翌朝、冷たい小雨が無機質な街を灰色に濡らしていた。雨に濡れながらとぼとぼとジェグ僧院へと歩いた。

僧院は丘の上に建ち、街を見下ろす位置にある。二〇〇八年の四川大地震で崩れたあと、大規模補修をしたという。巨大な本堂は新しく建造中で、僧院内は無秩序に工事が行われていた。そのためか、これまで訪れてきた僧院とは違い人の営みが感じられなかった。

僧院がある丘から眼下に広がる街並みを眺めると、チベット族の居住エリアは丘の麓にわずかばかりに集まっているだけで、あとは無機質な新しい建物が大半だった。街の中心には不思議なピラミッドのような三角の巨大な建物があり、誰だかわからない西洋風の英雄が馬に跨った銅像が遠くからでも目立っていた。大地震のあと、大きな被害が出た街の復興に中国政府が巨額の復興資金を拠出。結果、チベット族の伝統的な家屋は少なくなり、現在のような無機質な建物が増えたということだった。

この僧院も含め、街のどこを歩いていてもチベット文化を感じられるものが見当たらなかったため、郊外にあるジャナマニと呼ばれる巨大なマニ塚へと足を向けた。これまで各地のチベット文化圏を訪れてきて、旅が終わりへと近づいてきているというのに、逆にチベット文化が薄くなっていくのは皮肉なことである。

ジャナマニは古くから巡礼者が訪れては、マニ石を積み重ねていく場所である。マニ石とは、表面に真言が刻まれた大小さまざまな石のことで、タルチョと同じく、人々は祈りを込めて積み重ねていく。通常は人が通る街道などに数百個程度の石が積み重ねられ、塚になっている。しかし、ここでは数が尋常ではなく、数百万を超すマニ石が積み重ねられていた。

その巨大さは、この地に住む人々の祈りの大きさを表していた。

異様な雰囲気を生み出す赤い塚のまわりを、民族衣装に身を包んだチベット族が時計回りにコルラしていた。塚は巨大な迷路のように入り組んでおり、人々は赤い石で囲まれた路地から路地へと真言を唱えながら歩いていく。巡礼者は一様に遠い目線で一点を見据え、私が近くを通っても気にする素振りもない。無機質な街なかとは対照的である。もしかしたら街から消えた祈りの想いが、すべてここに集まってきているのかもしれないと思えた。

私は巡礼者たちに紛れて、迷路のようなマニ塚を歩いた。マニ石はどれも赤く彩色されており、夕陽に染まる大地の色のようであり、街を焼く炎の色のようであり、青い空に翻り決して馴染むことを知らない中国共産党の旗の色のようでもある。

またそれは血を連想させ、私はパンツォが地面に倒れている姿を思い出した。

あのとき、パンツォは無抵抗のまま殴られ続けていた。

何人かの公安がパンツォを取り囲み、執拗に暴力を振るっていた。殴られるたびに鈍い音があたりに響き、車の中にいても重い振動が伝わってくるようだった。そして、滴る赤い血が乾いた大地を湿らせた。その様子を私は車のなかから見ていた。

パンツォとは、四川省とチベット自治区の境界線付近にある小さな街から隣の街へと向かう途中で知り合った。気の良い青年はチベット語も中国語も話せない私に、自分もその街に行くからと、停留所まで連れていってくれたのだった。カム地方のチベット族は押しが強く、荒々しい。表情も固く、常に怒っている印象がある。しかし、パンツォの顔に浮かぶ屈託のない表情は、すぐに私の警戒心を解き、親近感を持ったのを覚えている。それまで東チベットでは人と関わってあまり良いことはなかったので、とても安心したのを覚えている。パンツォは車内で自身が描いたタンカの写真を私に見せ、嬉しそうにしていたのも印象的だった。

私たちが乗った車は順調に移動を続けたが、途中、公安による検問所がいくつもあった。そのたびに私を含め乗客は身分証明書を出し、検問を受けた。このとき、四川省のカム地方はチベット族と中国政府の軋轢が目に見える形で頻発しており、各地で焼身自殺による抗議行動や暴動が起こっていた。実際に、今日は隣の街で焼身自殺未遂があったらしいとか、どこかの僧院の僧房が重機で取り壊されたとか、そういう話は多かった。

折しも、このときは五年に一度の共産党全国代表大会で、新たな国家主席が決まる直前だった。そのため公安はデモを警戒して、いつもよりチベット族に対する締め付けを厳しくしており、検問所では時間をかけて乗客と荷物の検査をしていた。しかし、普通にしていれば外国人である私がいても、時間はかかるが問題となることはなかった。

そうやっていくつかの検問所を通り過ぎ、最後にその検問所に辿り着いた。他の検問所のような簡素な小屋があるだけの簡易的なものとは違い、三階建ての建物があり、頑丈な遮断器が道路に設置されていた。しかし、そこを越えればチベット族と中国政府との諍《いさか》いがあまりない地域となり、公安の監視は緩くなり、自由に動けるようになるはずだった。

検問所では一〇台近くの車が順番を待っており、一台一台公安の係官の検査を受けていた。どの車も特に問題になることはなく、時間はかかるが、それでも一通りの検査のあとに検問所をくぐり抜けていった。やがて私たちが乗っている車の番となった。係官数人が冷たい目で車内をなめるように覗き込んできた。

この目は、いまでも忘れられない。無機質で、感情がなく、心を感じ取れない。私は写真を撮る職業の人間であり、これまで多くの人の写真を撮ってきた。大抵は目をしっかりと見れば、その人の心の動きや、心のあり方を感じることができるものである。しかし、このときの公安の係官からは、その奥に空洞しか感じ取ることができなかった。シリアでも、スーダンでも、イランでも秘密警察に捕まったことがあり、彼らは一様に融通がきかなかったが、それでも対面していると心の動きが確かに感じ取れた。しかし、この検問所では、表情の奥に広がる心の虚無しか感じられず、不気味であった。

私は車の最後部座席に座っており、何も言われなければそのままやり過ごすつもりだった。窓の向こうに係官の顔が見えた。青白い肌に感情の見えない眼がふたつ淀んでいる。絡みつくような視線が車内を見渡した。そして私と目が合った。その瞬間、その表情が止まったように見えた。もしかしたら私のことを訝《いぶか》しんでいるのかもしれない。日本人とチベット族の顔はよく似ている。漢民族の係官にはその差は読み取りにくいのかもしれないが、着ているものや持っているものが違うため違和感を感じるのかもしれない。私は緊張が表に出ないように、平静を装おうとした。

案の定、係官は窓の外から私に身分証明書を出せと言ってきた。ここで拒否するとあとが面倒である。私は素直に従うことにした。この地域は滞在許可が必要なエリアではない。私は不法に滞在しているわけではまったくないのだ。しかし、不安がないわけではない。この検問所に至るまでの数週間、私は東チベットで何度も公安に尾行され、連行もされていた。そのたびにパスポートをスキャンして登録されていたため、もし情報が共有されているとすれば、少し面倒なことになるかもしれない。

恐る恐るパスポートを窓の外に出した。日本のパスポートを見た係官は少し考える素振りをしてから私のパスポートを持って建物のなかに入っていってしまった。スキャンをして照会をしに行ったのだろうか。まずいかもしれない。ふと、前の週に中国で行方不明になった外国人ジャーナリストのことを思い出した。パスポートチェックだけで済めばいいが、荷物を全部チェックされ、撮影機材を見られるとどうなるかわからない。私は旅しながら風景や人との出会いを写真に収めてきたが、彼らがそれはスパイ行為だと判断すれば、それまでである。

これはまずいなと思いながらも、最悪、問題となってもこの地域から出ていけと言われるだけで済むだろうと腹をくくるしかなかった。できることは何もないし、何より、私は東チベットの外に出ようとしているのだ。不穏な状況が続く東チベットへと向かおうとしているのではない。

しばらくして係官が戻ってきた。どうなるかと様子を窺っていたが、意外なことに、何も言わずにパスポートを返してきた。何が理由かはわからないが、どうやら問題とはならなかったみたいである。緊張の糸が一気に緩むのを感じた。これでもう公安の目を気にすることもなくなる。

その後、係官はもう一度車内を確認したあと、最後に助手席に乗っているパンツォに身分証明書の提示を求めた。

パンツォは慣れた様子でズボンのポケットから財布を取り出し、なかからカードを取り出そうとした。その行為に不審な素振りもなければ、敵対的な態度もなかった。これまで何度もこのときのことを思い返してきたが、そのときのパンツォの行為には何の問題もなかったのは確かである。

何がきっかけだったのか、今でも正直よくわからない。

係官は身分証明書を取り出そうと財布を覗き込むパンツォをいきなり窓の外から殴りつけたかと思うと、勢いよくドアを開き、パンツォの体を強引に引きずり降ろした。不意をつかれ、無防備な体勢でパンツォが地面にどっと倒れ込んだ。すかさず、地面に倒れるパンツォの体を蹴り上げる係官。

すると、その様子を見ていた他の係官が一斉に駆け寄ってきた。私はそのとき、助かったと思った。何がきっかけかはわからないがひとりの係官が暴力を振るい、それを目にした他の係官がてっきりその暴力を止めるために走ってきているのだと思ったのだ。しかし、実際はそうではなかった。彼らはその場に駆けつけるやいなや、全員で地面に伏せるパンツォを殴り始めたのだった。

鈍い音があたりに響いた。


私は何が起こっているのか、すぐには理解できなかった。私の頭の情報処理能力を上回る勢いで、物事が進行していく。それまで見たこともなければ、想像もしていなかった出来事を目の当たりにし、私の脳はフリーズ状態となった。

気がつけば、パンツォは敵意を剝き出しにした無数の暴力を体で受け止め続けていた。土埃が舞い、血が滴る。その間、彼はじっとうずくまり身動きひとつしなかった。意識があるのか、それともすでに失神してしまっているのか。それさえも判然としない。ただ地面に伏せてじっと耐えるその姿は、チベット仏教徒が祈りを捧げるときに行う五体投地の姿に見えたのをよく覚えている。体を大きく前に投げ出し、地面に伏せる。そうやって体全体で祈りを捧げるのである。パンツォは公安の暴力に対し抵抗するのではなく、ただ嵐が過ぎ去るのを待つかのように、じっと耐えていた。

それとは対照的に、係官たちの目は、ますます空洞化し、無機質になっていくような気がした。深く、底のない瞳。一度目にすると、目から心の隙間へと忍び込んできて、そこにある闇と同化し、潜んでしまう淀んだ瞳。

ジャナマニの巨大な赤い塚を前に記憶は次から次へと湧き出てきた。私はしばらく立ち止まり、その記憶を反芻していた。ここまで詳細に記憶が蘇るのは久しぶりのことだった。記憶はぱっくりと開いた傷口からどくどくと流れ出る血のように、何度も執拗に頭に浮かんでは消えていった。

青海省と四川省の境界線近くに石渠という小さな町がある。そこで年に一度、数万人のチベット仏教徒たちが集まって数日間の法要が行われることになっている。この期間は近くの街から石渠へと無料のバスが頻繁に行き来している。その費用は悪行に手を染めている人々が支払っているという。彼らは法要の費用の一部を負担することにより功徳を積み、それまでの罪を悔い改めるのだという。それに便乗して、早朝、冷たい雨が降るなか石渠に向かうバスに乗り込むと、臙脂の袈裟を身に着けた僧やチベット族の女性たちが席を占めていた。

バスが出発してしばらくすると、車内で音楽が鳴り始めたのだが、それはどこかの寺院の読経を録音したものであった。すると乗客たちは口々に読経を始めた。不思議なもので、欧米の最新のヒットソングなどであれば何時間も聞いていると飽きてきて迷惑に感じるのだが、読経だとずっと聞いていても苦にならない。それどころか心が落ち着き、穏やかな気持ちになってくる。意味もわからないし、どのような内容を唱えているのかもわからないが、それでもそれらの真言は耳に馴染む。

途中、峠を越えるときにぐっと気温が下がり、霧が出てきたかと思ったら、猛烈なあられが降り注いできた。車の屋根を叩き、地面に落ちても溶けることなく、白い斑《まだら》の模様をつくり出した。車内の読経は留まることはなく、車内に反響するあられが降り注ぐ音はますます彼らの気分を高揚させているようであった。

標高四〇〇〇メートル付近に広がる丘陵地に巨大な石渠僧院が建つ。そのまわりに巡礼者たちのテントが無数に張られており、すでに多くの人が集まっていた。その様子はさながら野外音楽フェスティバルのようである。祈りのための法要なのか、娯楽としての祭典なのか。高僧が説法をするのか、人気歌手がヒットソングを歌うのか、その違いぐらいしかないのかもしれない。

道行く人々は臙脂の袈裟を着た僧か、それ以外はほぼすべての人が民族衣装で着飾っていた。その様子に、現代でありながらどこか違う時代に移動してきたかのようだった。

僧院はそれまで見てきたもののなかで最も巨大で豪奢《ごうしゃ》だった。三メートルを超す巨大な石像が中央の広場に立ち並び、本堂は五階建てのビルほどの高さがあり、吹き抜けになっていた。なかを覗くと、五〇〇〇人近い僧たちが本尊に向かって整然と座り、読経をしている。本尊に向かって左側が男性の僧、右側が尼僧。みな臙脂色の袈裟を身に着けており、それがさざなみのように波打ちながら翻る。そして何より、数千人の声が重なって生み出される読経の声量は圧倒的だった。吹き抜けの堂内に反響する声は、聞くというより巨大なスピーカーのなかで全身が音によって振動しているかのようであった。

無数の僧が無心に読経する様子は、まるで臙脂色をした巨大なひとつの生き物のようにも見える。無数の星が集まって構成される星雲のようだとでも言えばいいだろうか。宇宙空間に存在する物質の大半が目に見えない暗黒物質で満たされているように、堂内は祈りで満たされている。

私はそのなかに紛れ込んだ異物である。惑星のまわりを漂う人工衛星のようなものである。私がどれだけその場の空気に馴染もうとしても、臙脂色の集合体に溶け込むことはない。

私は祈りを知らない存在なのだ。


あまり長く堂内にいると落ち着かないので、本堂に入りきれずに入り口でなかを覗き見る巡礼者たちの群衆をかき分け、外へ出た。

私は僧院のまわりをコルラする人々に交ざって歩くことにした。季節は秋。草は褐色に染まり、小麦色の草原のなかを人々が蟻のように一列になって歩いていた。彼らの歩みは速く、一緒に歩いていると息が切れる。空気が乾燥していることもあり、空気の薄さが針のように肺をチクチクと刺す。巡礼者は列をなし、僧院の正面にある門から、時計回りに歩き、裏側の丘を登り、また下りてくる。列は絶えず、終わりが始まりに繋がり、途切れることのない円を描いて回転していた。

オム・マニ・ペメ・フム

オム・マニ・ペメ・フム

真言が巡礼者の口から漏れ出し、風に乗って草原を揺らしていた。風は遥か彼方に見える冠雪した山から吹き下ろしてくるようで、厳しい冬の到来を感じさせる冷たさがあった。

しばらく歩いていると、一体どこから現れたのだろうか、つい先程までは雲ひとつない快晴だったのに、いつのまにか雨雲が空を覆おうとしていた。空の半分は青、残りの半分は重く垂れ込めた雨雲。やがて青空は消え去り、雨が降り始めた。それでも巡礼者たちの歩みが止まることはない。

雨宿りをしようにもどこにもそのような場所がない。仕方なく最後まで歩くことにした。一周廻って僧院の門に帰ってくる頃には全身が濡れ、ひどく体が冷えてしまった。堂内では変わらず読経が続けられ、その外側の軒下で犬たちがずぶ濡れで丸くなって眠っていた。

石渠は端から端まで歩いて一〇分もかからないほどの小さな町だが、このときは巡礼者で溢れかえっていた。いたるところに出店が並び、土産物屋にも人だかりができ、お祭り騒ぎである。なんとかその片隅に小さな小汚い部屋を見つけ、宿泊することにした。

街なかには制服を着た公安の姿も多く、これだけのチベット族が集まる場所は、やはり警戒されるようであった。人々は公安を別段意識しているようには思えなかったが、どこか緊張感が漂っていた。私自身も、公安の姿を見かけるたびに目を伏せ、隠れるように群衆に紛れた。普通に歩いている限りは身分証明書の提示を求められることはない。問題はないはずであったが、それでも彼らとすれ違うと鼓動がはやくなる。

また人混みのなかを歩いていると、ぬっと手が伸びてきて、袖や腕を摑まれることが多かった。そのたびに公安に捕まったのかとドキッとするが、大抵が物乞いであった。この街ではお金をねだられることはとても多かった。多いときは一日に何十回となくお金を乞われる。普通に生活をしていそうな巡礼者も手を伸ばしてお金を求めてくる。他の人々に対しても同じことをしており、実際に施しを受けていることも多かった。どうやらこの法要期間は誰に対してでも物やお金を乞うことが許され、また乞われた側は喜捨することにより功徳を積むということらしかった。

宿の部屋に入り、濡れた体を拭いて着替えたあと粗末なベッドに潜り込んだ。布団は薄くて汚れていたが、公安に見られているかもしれないという緊張感を遮断するには十分だった。私は布団のなかで小さくなり、いまさらながらひどく疲れていることに気がついた。しばらく寒さに体が震えていたが、体温が上がってくると同時に、深い眠りに落ちた。

夜遅く、野犬が猛烈に吠えている声で目が覚めた。

この町は野犬が多く、夜は危険である。僧院の裏側の丘で夜中に尼僧が犬に襲われて食べられたという話を昼間に聞いていたので、腹が空いていたが、外に出る気にはならなかった。野犬の鳴き声は夜空に鋭く響いた。同時に、私の心を小さく震わせた。犬が吠えるたびに、心の隙間が広がっていき、そこから少しずつ不安が滲み出てくるようだった。

しばらくベッドの上で寝るでもなく、起きるでもなく、じっとしていると、ドアの向こう側で他の宿泊者が歩く音が響いた。どこかの部屋のドアを叩き、誰かと話している。その音が聞こえてくるたびに、私は公安が来たのではないだろうかとびくっとした。

嫌な記憶が蘇る。かつて東チベットの宿に滞在していたとき、公安に尾行された挙げ句に部屋にいきなり入ってこられたことがあった。彼らは強引に私の荷物を全部広げて確認し、その上で連行されて尋問を受けた。その様子を影から見ていた宿のオーナーのチベット族女性がひどく怯え、その表情が青白かったのを覚えている。

その数日前には食堂で拉麺を注文したらなかなか出てこず、代わりに公安がやってきて連行されたこともあった。連行されるとき、食堂の主人の顔を見ると、複雑そうな表情がそこに浮かんでいた。そのとき、私はその主人が公安に連絡したことを知った。

そういった経験から、公安と書かれた建物や制服、車両などを見かけると、私は条件反射で心が緊張で締め付けられるような感覚を持つようになった。それはトラウマとして私の心に刻み込まれた。

そのときどきに現れた公安の係官はみな違う人間だが、共通して無機質な目をしていた。パンツォに暴力を振るった係官も同じである。彼らは果たして生まれたときからこの目を持っていたのだろうか。いや、きっとそうではないだろう。かつては表情があり、心の流れを持っていたのだろう。名前があり、個性があり、みな違っていたはずである。

しかし、彼らはみな私の記憶のなかで同じ顔をしている。表情がなく、青白く、死体のような冷たさ。その顔に、奥に虚無が広がっているようなふたつの黒々とした瞳がついている。実際、どこかで見た顔なのか、そうではないのか。もはや私にもわからない。しかし、私はその存在に根源的な恐れを感じていたのは確かだった。

突然、ドアがノックされた。まっさきに思い浮かんだのは、かつてと同じように公安が外国人である私を連行しに来たのかもしれないということだった。このまま寝ているふりをして無視しようかと思ったが、ドアは執拗にノックされる。しかも段々と音が激しくなっていく。もし開けなければ、無理やりこじ開けられるかもしれない。そうなると、何故開けなかったのか。やましいことがあるからではないのかと邪推されるのも嫌である。

どうしようか。

このまま寝ていたとしても問題はないかもしれない。なにせ夜中である。もしくは、この部屋に誰もいないということだってありうるのだ。

この部屋だけを執拗に叩き続ける意味はあるのだろうか。

外国人である私がこの部屋に泊まっていることを、かつてのように誰かが告げたのだろうか。

そうやって考えている間にも、扉を叩く音はより強くなっていく。それは明確な意思を持っているように聞こえた。かつての嫌な記憶が蘇る。

しばらく布団のなかで開けるかどうか悩んだが、結局、扉を開けることにした。私はこの場所に違法に滞在しているわけではない。正式なビザを持ち、特別な許可証は必要なく、ビザの範囲内で訪れることのできる地域にいるのだ。

恐る恐る扉を開く。

私はそこに公安の濃紺の制服を探した。しかし、予想に反して、ドアの前には臙脂の袈裟を着た僧が立っていた。拍子抜けする私にチベット語で何やら質問をしてきた。すごい勢いである。もしかしたら袈裟を着た公安かと思ったが、それはいくらなんでも考えすぎだろう。何を言っているのかさっぱりわからない。段々とその口調が私を詰問しているのではないことがわかり始めたが、やはり目的がわからない。僧は私のことをチベット族だと思っており、何故言葉が通じないかと訝しんでいるようだった。

私は丁寧にお辞儀をして、扉を閉じた。そして布団に潜り込み、そのまま眠った。

翌朝、宿の人に昨夜の出来事を話すと、どうやらその僧は鍵をなくして深夜に帰ってきて、宿のオーナーがどこかにいないか各部屋を叩いて回り、探していたとのことであった。

不意の訪問者のおかげでほとんど眠れずに、寝不足のままふらふらと宿を出た。街の外れにある粗末な建物の二階に小さな茶屋があるのを見つけると、店内の片隅に無造作に置かれた埃臭くてくたびれたソファに腰を下ろした。適当な茶を注文し、深く息をついた。

他の客たちはみなチベット族のようで、どこか怪しげな雰囲気を醸しながらスマートフォンの画面を覗き込んでいた。この地方の男たちは髪を長く伸ばしている。つばの広い帽子をかぶり、ロングスカートのような黒くてまっすぐな髪ががっしりとした背中にかかっている。顔付きは鋭く、押しの強さが滲み出ている。

私はふと気になって、彼らはどのような生活をしているのかを知りたくなった。近くにいる人に話しかけると、どうやらこの街の周辺にもヤクを放牧して暮らす人々がいるということがわかった。公安による緊張感に耐えかねていた私は、気分転換に彼らが住む場所を訪ねてみることにした。

薄暗い茶屋を出て、光溢れる世界に出た。空は究極にまで晴れて青黒く輝いていた。街から出たすぐのところにバイクが何台か集まって停められている場所があり、そこで暇そうにしている男たちと交渉をするが、これが大変であった。みな言うことがバラバラで、実際に遊牧民がいる場所を知っているのかどうかも怪しい。しかも法外な値段ばかり言ってくる。男たちは私のことをいいカモだと思っているようで、適当なことを言ってお金を簡単に得たいようであった。

彼らはなかなか判断をしない私に対して段々と苛立ちを募らせ、強い口調で、「なぜ行かないんだ！　なぜ五〇〇元で同意しないんだ！」と罵るように怒鳴り始めた。するとと喧嘩だと思った野次馬たちが周りに集まって人だかりができ始めた。輪の外側からいろいろな人がそれぞれ勝手なことを口にし、話が二転三転して前に進まないどころか、ちょっとした混乱を一角に作り出していった。

この地方ではこのようなことがよく起こるものなのかもしれない。そう言えばパンツォが私を目的地へと向かう車に案内してくれたのは、こういった不毛なやり取りを街角で見かけたからではなかっただろうか。またパンツォに出会う数日前、やはりタクシードライバーと料金に関して揉めて喧嘩のようなことになったとき（私はただ初めに合意した金額を払っただけであったが、なぜか揉めた）、通りかかった公安の目に付き、当然私の主張が受け入れられるかと思いきや、私はドライバーにお金を払わされたうえに連行され、尋問を受け、街を追い出されることになったのだった。

そのときの記憶が蘇り、ふと冷静になった。公安がもしかしたらやってくるかもしれない。私は激高する男たちに背を向け、輪をかいくぐり、その場を離れた。

この地方ではほとんど言葉が通じない。石渠でのこれらのやり取りは、ファさんという日本語を話すチベット族の男性に助けてもらっていた。ファさんとは青海省の旅の途中で知り合い、数日行動を共にしていた。

彼は青海省同徳《どうとく》県出身のチベット族である。しかし、チベット族の男にしては体が小さく、顔つきも穏やかだった。チベット文化圏の北限近くに住み、実家が農家ということもあるのだろう。性格も温和である。そのためか、カム地方の男たちからは漢民族と見られることもあるようだった。学生のときに北海道に二年近く留学をしていた経験があり、それで日本語を話せるのだという。

私はファさんにカム地方の人々とのやり取りを手伝ってもらっていた。しかし、同じチベット族でもカム地方の言葉は方言が強く、また性格が真面目で気が弱いファさんにはカム地方の男たちは手強いようであった。

しばらくするとファさんは疲れ切ってしまい、言葉数が次第に少なくなってしまった。私には伝えていないが、到底訳することができないようなひどい会話や言葉が飛び交っていたようである。

ファさんに負担をかけるのも、公安のことも不安だったので、一度宿に戻ることにした。部屋で休んでいるとファさんが呼びに来た。どうやら私が休んでいる間にも、真面目な彼は私のために遊牧民のところに案内してくれる人を探してくれていたようだった。そして、宿で働いている四〇代の男性がバイクを二台持っているので、それで連れていってくれるという話をまとめてきてくれた。

時刻を見るとすでに夕方の四時を回っている。行くのであればすぐにでも出かけなければ日が暮れてしまう。

ファさんと私は案内役の男とともに出発した。

しかし、それでもうまくいかないのがこの日の流れであった。ようやくのことで我々が跨って再出発したバイクが向かった先は村のすぐそこ。歩いて行ける距離の場所であった。話と違う。改めて何度も説明し、遊牧民が草原でヤクを放牧しているところに行きたいのだと伝える。すると今度は街から出て五分くらいのところにある電信柱が林立する場所に行こうとする。そうじゃない、と伝える。そしてまた交渉を繰り返す。面倒なことこのうえない。

しかも二台用意していると言っていたバイクは一台しかなく、一台に三人が跨って行くことになった。大の男が一台のバイクに体をくっつけて抱き合うように跨りながら、荒野を行く姿は滑稽である。バイク二台と案内で二五〇元という値段で同意していたので、バイク一台になったため二〇〇元しか払わないことを伝えると、男はバイクを道端に止めて不満を述べ始めた。またか、と思いながらも、もう出発してしまったからには説得するしかない。太陽ももうだいぶ西に傾いている。しかし、どれだけ説明しても、男は頑なに約束は二五〇元だという。ここでもファさんが持ち前の真面目さを発揮して、辛抱強く面倒な交渉をして、結局なんとか二〇〇元で行くことになった。

しかしながら、結局、こちらが行きたいと思っていた場所は見つけることができなかった。しかも途中から雹《ひょう》や雨が降り始め、冷たい風が吹き荒れ、小川を渡るときにバイクが倒れ、三人とも仲良く全身ずぶ濡れになり、散々であった。

ファさんは宿に戻ると深いため息をき、ついに一言も話さなくなってしまった。私が話しかけても遠い目をして無表情で何も答えない。私が無理な交渉をたくさんさせた挙げ句、散々な目に遭い、面倒な日本人の相手に疲れてしまったのかもしれない。

しばらくそっとしておいたのだが、この日の御礼をしたかったので晩ご飯に誘った。ファさんは外に出て歩く私に黙ってついてきたかと思ったら、ぼそっと、「今日のことどう思いますか?」と尋ねてきた。「今日のことって、どういう意味?」と聞いたら、バイクのおじさんが約束を守らなかったことについてどう思うか、ということであった。

ファさんは自身が留学していて親近感がある日本から来た旅行者である私に、できるだけ良い経験をしてもらいたいと思っていた。それなのに自分と同じチベット族の人間がいい加減なことをして嫌な思いをさせてしまった。それが悲しかったようである。

私たちはファさんの提案でカム地方の人々がやっている食堂ではなく、ファさんの故郷出身の人がやっている食堂があるからと、そこで食事をすることにした。

店内に入ると、顔見知りなのか、店主はファさんを笑顔で迎え、私たちを歓迎してくれた。ファさんは久しぶりに笑顔を浮かべている。ちょこまかと動き回り、私にインスタントのコーヒーを用意してくれた。この地方でコーヒーが飲まれるということはほとんどなく、インスタントであってもそれは特別なものである。私はそれよりもむしろ他の客たちが飲んでいる白湯のほうが良かったが、ファさんの気持ちを受け取るようにカップを手に取り、口に含んだ。

料理はひとり用の土鍋に肉や野菜などを入れて煮込んだ砂鍋で、我々は夢中で食べ、冷えた体を温めた。お腹がいっぱいになると気分が落ち着いたのか、ファさんは外にタバコを吸いに行った。戻ってくると「私はタバコを吸っているので死んで鳥葬になってもハゲワシが食べてくれないかもしれませんね」と笑顔で冗談を言った。大分、機嫌が良くなったようである。

店を出るとき、お金を払おうとすると店主はお金はいらないという。同郷のファさんの分がいらないということは納得できるが、私は関係ないから払うと言っても結局受け取ってくれなかった。そのとき、ファさんはそのすぐ横でうれしそうな表情をしていた。チベット族の人を嫌な人ばかりだと思わないでほしい、そういう表情だったように思える。

では、ということで、その食堂で食事をしていた僧の分を払うことにした。僧に食事代を払うのは喜捨と同じである。私たちは普段生活をしていて、仕事などで祈りをする時間などはない。僧たちはそんな私たちの代わりに祈りを日々捧げている。食べるために殺される動物のために、世界に争い事が少なくなるように、畑の作物が豊かに実るように、世界が遅滞なく進行するように、人々の心が幸福で満たされるように。僧たちはいわば祈りの代行をしているのであり、私たちは喜捨することによりそれを託す。

私が食事代を払った僧は一九歳で、一五歳のときに自ら僧院に入ったという。四人兄弟すべてが僧になっていたので、自然な流れだったらしい。彼の家族はかつて一五〇〇頭近くの羊を飼って生計を立てており、多くの家畜の命を奪ってきた。そのことに気づき、悔いた両親はあるとき大半の家畜を手放し、子どもたちを全員僧院に預けることにした。そして僧になった子どもたちは奪ってきた命を供養するために祈りを捧げているという。

食堂を出ると、ファさんは食事をする前とは別人のように上機嫌になり、鼻歌を歌いながら夜道を歩いた。ファさんが嬉しそうにしているのを見て、私も嬉しくなった。公安を恐れる私にとって、彼はこの地方において唯一心休まる時間を与えてくれる存在だった。

翌朝、霧で視界がほとんどなかった。

この日は高僧による一般の参拝者への説法があった。私は丘を登り、小麦色の草原の一角に広がる群衆に紛れ込んだ。一万人近くの人が集まっているだろうか。綺麗に着飾り、説法が始まるのを待っている。頭に翡翠や琥珀《こはく》を載せた女性も多く見かける。大きいものだと握り拳ぐらいのものをつけている人もいる。まわりの草原ではコルラしている巡礼者たちが列になり歩いているのが見えた。広大な大地に一筋の線となった巡礼者たちは、臍《へそ》の緒のようにねじれながら連なっていた。

太陽が高くなるにつれて気温は上がり、あたりを覆っていた濃い霧は消えてなくなった。まるでそれを待っていたかのように高僧が壇上に現れた。

高僧がひとつ咳払いをすると、あたりは静まり返った。

少し間があったあと、訥々《とつとつ》とした説法が始まった。何を話しているのかはわからないが、人々は体の前で手を合わせ、発せられる言葉のなかに何かを探している。あるものはそこに希望を見出しているのか、恍惚の表情を浮かべていた。

しばらくすると、この数日間の常であるように、雲ひとつない青空があっという間に暗雲で閉ざされてしまった。雲は群衆の上でより厚く溜まっているように思えた。濃淡さまざまな灰色が折り重なり、まるで海の底から嵐に荒れる水面を眺めているかのようである。

やがて雨粒が黒々とした雲から滲み出してきた。

雨は小さな滴のなかにこの世界を写し込みながら地上めがけて降りてくる。ひとつ、またひとつ。何かを授けるかのように、滴が巡礼者の上に降り注ぐ。そのたびに滴が映し出す世界が弾ける。

雨の様子を気にしているのは私ぐらいで、みな一心に話を聞いている。心の扉を無条件に開き、流れ込んでくる言葉を受け入れる。老婆の黒ずんだ深い皺、少年の柔らかな皮膚に埋もれる瞳、カム地方の男たちの長く逞しい髪の毛。そのひとつひとつが感応器官となり、言葉を受け取る。

するとゝ突然、空がうなり始めた。

雷鳴が空気を裂き、空気の振動は巡礼者の体を震わせた。その音は、僧院で祈禱が行われる際に使われるドゥルク・ホルン（龍の笛）と呼ばれる真鍮《しんちゅう》でできた楽器の音に似ていた。人の身長より長いその楽器は人が唇を振動させ、細長い筒のなかで増幅し、龍の叫び声のような音を生み出す。


このときの雷のうなりは、まさに咆哮《ほうこう》であった。

目に見えない祈りが音となり空気を振動させているかのように思えた。それでも説法は途切れることはなく、みな熱心に話を聞いている。

雷鳴が何回か繰り返されると、今度はまばゆいばかりの光が空を駆けた。黒い雲を走る青白い光は天を裂く龍の姿そのものであり、それまで忘我の状態であった人々の瞳が大きく見開かれた。人々はその光に光明を見出したのかもしれない。

しかし、そのとき、私が見たのは光明ではなく、冷たい目であった。

公安の感情のない無機質な目。それが無数の巡礼者のなかからこちらを見つめているような気がしたのだ。私は急に不安になった。

説法を聞く巡礼者たちの意識は祈りで埋められている。こんなときにまわりを見渡しているのは私のような外国人か、もしくは公安だけだろう。雷が光るたびに、私は群衆のなかに公安の目を探した。しかし、どれだけ探しても、見つからない。

いま振り返って思えば、その目は実際に存在していなかったはずだ。それは私自身が雷の轟音をきっかけに生み出した幻影だったのだろう。この数日間、公安の監視を恐れていた私の心の弱さが、その視線を群衆のなかに見たような気にさせていた。

雨はやがて雹となり、風が吹き荒れた。高僧の説法はしばらくあとに終わり、巡礼者は放心したような顔つきで足早に丘を下りていった。

翌日、丘の上で祈りを込めた聖水を大地に撒いて、一年に一度の大法要は終わった。

石渠を後にした私は、甘孜に向かった。

この街は以前にも訪れている。あのとき、公安の監視に疲れて、これ以上滞在し続けるのは難しいだろうと判断し、東チベットから去ろうとバスに乗ったのがこの街だった。そのとき、間違ったバスに乗ってしまい、予期せず途中の小さな町に降り立つことになった。そこでパンツォに出会うことになった。あのときの検問所はもうそれほど遠い場所ではない。

甘孜に到着する前、見覚えのある風景が車窓に流れていった。その光景を見て、心が締め付けられるような気がした。

　街の手前に検問所があった。それはパンツォが殴られることになった検問所ではなかったが、体の芯が強ばるのがわかった。冷たい目つきの係官が数人おり、車のなかをまとわりつくような視線で確認した。あのときと同じ目をした人間である。私は車の隅で目立たないように息を潜めた。息苦しくなるほど、心が逼迫《ひっぱく》するのを感じた。喉の奥に何かが詰まり、呼吸が苦しくなるようだった。しかし、以前とは違い、幸いなことにそれほど警戒をしている時期ではなかったようで、パスポートや荷物の確認もなく、特に問題が起こることはなかった。

　甘孜の街に無事に入ると適当な宿に部屋を取り、あたりを歩いた。甘孜は四川省に位置し、人口は多い。元々はチベット族の街だったが、その居住エリアはいまや僧院の近くのごく一部に限られ、まわりを取り囲むように漢民族の歴史の浅い居住区が広がっている。

　私は以前この街を訪れたときに足繁く通っていた食堂に向かった。狭い間口の軒先で炎をあげ、角刈りで小太りの主人が中華鍋を豪快に振るう食堂だった。

　初めてその店の前を通りかかったとき、鍋の動きを見て、ここの味は間違いないだろうと確信してなかに入ったのだった。予想通り味は格別で、素材のなかに炎のエネルギーが見事に閉じ込められ、咀嚼《そしゃく》するたびに長年使い続けている中華鍋に蓄積した旨味が滲み出し、舌を刺激した。

店の主人は漢民族の移住者であった。中国政府がチベット文化圏に多くの漢民族を移住させる政策をとっている。そうすることにより、徐々にチベット族の街が漢民族の街へと変わっていくのだ。食堂には毛沢東の大きな肖像が掲げられ、中国共産党の党旗とともに、ずらりと歴代の国家主席の写真が並んでいた。以前訪れたときは共産党主導による反日運動が最も過激だった頃であった。街なかのテレビでは昼間から戦時中の日本兵の非道を強調した安っぽいドラマが放送されていた。食堂の主人はその純粋性が故に、中国共産党のプロパガンダにすっかりと染まっており、私が訪れた際もテレビで反日ドラマを見ていた。

私は料理をいくつか注文し、その味に感嘆し、主人に片言の中国で「好吃《ハオチー》!(美味しい!)」と繰り返した。すると主人の色白のゴツゴツとした顔に笑顔が広がった。気分を良くしたのか、饒舌になり、どこから来たのかと尋ねてきた。私が日本から来たと答えたとき、それまで満面に浮かんでいた笑顔が急に曇った。それを察し、すぐさま料理の腕前を褒めると、また笑顔になった。しかし、しばらくすると私が日本人であることが気になり、目は険しいが口は笑うといった、まさに主人の微妙な心持ちを表すような表情を繰り返した。それでもその後、毎日その食堂に通っていくうちに、主人は自分が思っていたテレビで繰り返し流される悪の権化のような日本人像よりも、目の前で美味しい美味しいと言って嬉しそうに自分の作った料理を食べる日本人の姿のほうを信じるようになっていき、私たちは次第に心が打ち解けていった。

その食堂を探したが、見つからなかった。確かそこにあるはずの場所にない。おじさんの角張った顔は確かに覚えているのだが、見当たらない。どこかまた違う場所に移ったのかもしれない。

あの食堂は私にとってこの地域における希望だった。激烈な中国共産党信奉者であり反日感情のある主人と日本人である私。その両者が食で繋がったのである。それはチベット族と漢民族の垣根も払うことのできる味であるはずであった。

何度も通りを行き来したが結局、おじさんの食堂を見つけることができなかった。諦めてとぼとぼと街を歩いているうちに、気がつけば足は小高い丘の上に立つ僧院に向かっていた。

僧院では、一日の終わりの勤行が行われていた。

私は重い扉を開き、足を踏み入れた。堂内はろうそくの光だけで薄暗い。私はひときわ暗く闇に沈んでいる堂内の片隅に腰を下ろした。

一〇〇を超す僧たちが読経している。闇が震えるかのように声が堂内に響いていた。私が座っている場所の近くに金剛杵が置かれており、手を伸ばしそっと手に取った。真鍮でできたこの仏具は細かな装飾が施された棒状の中心部の両側に五本の鉤爪《かぎづめ》が球体を描くように尖っており、手に持つと鉤爪が外に出る状態で手のひらにすっぽりと収まる。触れると、ひんやりとした冷たさが肌に伝わってきた。

僧たちは読経の際、手に金剛杵を握る。それはこの仏具が自身の内面に潜む煩悩を打ち砕くための武器となるからである。僧たちは自分自身に向き合い、受け入れ、乗り越えていく。同時に、それはかつて騒乱の時代、人が人を傷つける武器として実際に使われた歴史を持つ。持つ者によって人を殺める武器ともなり、また心の煩悩を打ち消す道具ともなるのである。そのどちらとなるかは、人の心に委ねられる。

手のひらを開き金剛杵を上に載せると、五つの鉤爪がその両端でバランスを取る。鉤爪は丸く球体のようになり、世界を掴んでいるように見える。私の手のひらの動き次第で、どちらへも傾きうる。

右に行くのか、左に行くのか。

私はこれまで幾度も旅の分かれ道に出会い、分水嶺に立ち、そのたびたびで行き先を選んできた。しかしその判断の多くは流れに身を任せるようなものだった。そこに私の意思はなく、風が吹くまま、赴くまま、漫然と歩んできた。北に行くのか南に行くのか。両者の間で危ういバランスで立つ私の背を風はそっと押した。しかし、いつかは私自身が判断をしなければならないのではないだろうか。

私は青海省から四川省にかけての旅の最後に、パンツォが暴力を受けた検問所を訪れるつもりであった。それはすぐそこである。いまからでも数時間で行くことができる。しかし、石渠の大法要の最後に、まだそのときでないような気がしていた。私はあのとき、幻影に過ぎない公安の視線に恐れを感じた。それはこの青海省から四川省にかけての旅の間、ずっとそうだった。

もしいまあの検問所に向かったとしても、私はまたあの目に見据えられ、本当の意味で検問所を通り抜けることができないのではないだろうか。そうだとしたら、同じことの繰り返しになり、出発地点に戻るだけではないだろうか。私はこの一連のコルラの旅で、滞ったままの記憶を解きほぐし、前に向かいたいと思っていた。もし、私の心がまだ前に進めていないのだとしたら、たとえ検問所を通り抜けたとしても、その先に続く世界はまた以前と同じ世界なのかもしれない。

私は手に持つ金剛杵をそっと床に置いた。その瞬間、私は思考から解放され、それまでまったく耳に入ってこなかった読経の声がなだれ込んできた。

本尊の側でバターランプの炎がちらりと揺れた。

結局、私は検問所には向かわないことにした。

本堂の扉を開けて、外に出た。

掲げられた法螺貝の図形が描かれた布の向こう側から差し込むわずかばかりの夕日が眩しかった。

Indus River
Leh
elevation 3500m -20°C
Chaddar Trek
20/16.01.24 - 02.24
Zanskar River (Chaddar)
Karsha
Tsazar
Padam
LEH
Kargil
Pashkyum
Mulbekh My.
Khartaksho
Goma Hanu
Nimu
Basgo
Alchi
Shushot
Tikse
Chimre
Upshi
Zangla
Kursha My.
Thondhe
Shadi
Char
Kurgiakh
Sarchu
Dharwās
Triloknath
Kailang
CHAMBA
Gulabgarh
Pānāmik
Deskit
INDUS

第5章

氷の川

夜明け前、レー行きの飛行機は三〇分遅れでデリー空港を離陸した。しばらくすると空は濃紺から紫色へと変わり、やがて薄桃色になっていった。飛行機の小さな窓の向こう側にヒマラヤ山脈の西端域からカラコルム山脈にかけての険しい山々が見渡せた。やがて急峻な雪山の向こうで朝日が顔を覗かせる頃、飛行機は大地に抱かれるように着陸した。

タラップを降りると、乗客が吐き出す息を朝日が白く浮かび上がらせた。気温マイナス二〇度。冷たい空気が皮膚を鋭く刺激する。

荷物を受け取り、外に出る。そこに懐かしい顔が待っていた。

「おかえり。私の友達」

タシはいつもと変わらぬ穏やかな表情でそう言った。

私は答えた。

「ただいま。帰ってきたよ。私の友達」

ラダック地方の中心地であるレーを訪れるのはこれで三度目だった。

ラダック地方とはインド最北の州であるジャムー・カシミール州の東部、ヒマラヤ山脈とカラコルム山脈に挟まれた山岳エリアを指し、いくつもの谷が入り組み、チベット系住民が古くから続く伝統とともに暮らしている。同時にパキスタン、チベット自治区との国境が複雑に交錯し、常に紛争の火種を抱えている場所でもある。

タシとは数年前に初めてこの地を訪れたときからの知り合いで、山々を歩くときは必ずラダック出身である彼に情報を聞き、ルートやさまざまな意見をもらっていた。年齢は三〇歳過ぎ。いつも笑顔で、誰に対しても等しく優しい。初めて会ったときから、彼を旧知の親友のように感じていた。それはチベット族と日本人は顔つきが似ているせいもあるのだが、タシの心のあり方は人を安心させるものがあり、一緒にいると落ち着いた。彼も私に対してそう感じていてくれているのか、私が日本にいてもことあるごとに連絡をくれ、遠くにいるということを感じさせなかった。実際、このとき二年ぶりに会ったというのに、つい昨日まで一緒にいたかのような親密さがあるから不思議である。

再会の挨拶もほどほどに、車に乗って宿へ向かった。チベット族の家族が経営しており、レーではいつも泊まることにしている宿である。街の外れに位置し、木々に囲まれ静かなのが気に入っている。

ここでも、いつもの優しいお母さんが笑顔で迎えてくれた。何を聞いてもオーケーオーケーと笑顔で返事をするのが常で、いつ訪れても変わらない。変化といえば、おじいさんがいなくなったことぐらいだろうか。そのおじいさんは天気が良ければ大抵、日向でじっと座って一日を過ごしていた。話しかけても聞こえていないのか、それとも理解していないだけなのかはわからないが反応はなく、常にマニ車を片手に真言を唱えていた。山から下りてきて宿に戻ったときには、いつもの場所にいつものように陽だまりに包まれて祈りを捧げる姿を見て安心したものである。同時に、それは死を待つ姿のようだったのを覚えている。

そのおじいさんが今回はいなかった。一年前に亡くなったということだった。

標高三五〇〇メートルに位置するレーの街は冬、雪に閉ざされる。

南に位置する五三二八メートルのタグラン峠は積雪のため、一年の半分は通行止めになる。短い夏は非常に乾燥した快晴が続き、低地の高温多雨の気候を嫌う人々が訪れ、多くの観光客で賑わう。夏のこの地方の青い空の透明感は、荒涼とした大地と相まってまさに天空の世界のようである。しかし、冬になり道が閉ざされると訪れる者はほとんどなく、本来のラダックの生活になる。

冬季はツーリスト向けのレストランは軒並み休業のため、地元の人で賑わう食堂で昼食を食べた。トゥクパとモモ（チベット風蒸し餃子）。どちらも具材は少ない。わずかばかりの野菜のクズが使われているだけである。気温がぐっと下がる冬、食料の生産はゼロである。夏の間にストックしてある食料を少しずつ使ってやり過ごす。もともとこの地方のチベット族は他の場所と同じようにツァンパを主食にしている。ツァンパを丸くまとめて火で炙り、バター茶とともに食す。しかし、そのような食習慣を維持しているのは僧院で暮らす僧か、よほど高齢の人たちだけである。

食堂での食事は質素ではあったが、それでも胃のなかに食べ物を流し込むと、体の中心から少しずつ温まるのが感じられた。

その後、タシとこれからの動きに関して打ち合わせをした。私が今回ラダックを訪れたのは、レーの街の南西に険しく並ぶ山々の向こう側にあるザンスカール谷を訪れるためだった。

ザンスカール谷には一〇を超す集落があり、険しい山々によって外界から隔てられた環境にある。そのためアクセスが難しく、より色濃いチベット文化が残されている谷である。夏でもこの谷を訪れるためには数日間かけて四輪駆動車で悪路を進まなければならない。そうでなければ一週間以上かけて食料を持って険しい山々を歩いて越えることになる。冬の間は車で訪れることはできず、また峠は積雪のため、歩いて越えることはほぼ不可能である。

ザンスカール谷は冬の六カ月間、外界とのアクセスが一切なくなる。

レーの街を出て北西にしばらく走ると茶色く濁った川が流れている。遥かチベット高原を源流とするインダス川である。

　紀元前二五〇〇年ごろ、現在のインド、パキスタン、アフガニスタンをまたぐ地域に文明を築いた水の流れは、いまもなお、荒涼とした褐色の大地を侵食し続けている。川辺はどこも急峻な崖になっており、水量の豊富さを物語っていた。川の水はやがて遥か彼方、アラビア海に流れ込む。

　川辺に沿って上流に進むと、支流が流れ込む合流地点に出る。支流の水はインダス川のような荒々しい濁流ではなく、深くて碧い色をしている。支流は蛇行しながら深い谷の方へと続いているが、すぐに足の踏み場もないような険しい断崖絶壁に両脇を挟まれ、山中に消えていく。その碧い川はザンスカール谷から流れてきており、ザンスカール川と呼ばれている。

　冬季、長きにわたって閉ざされるザンスカール谷だが、冬の間にこの谷を訪れる方法がひとつだけある。それは断崖絶壁に囲まれたこの川を遡るのだ。といっても、船やカヤックで遡るのではなく、川の上を歩くのである。

　毎年一月から二月にかけての厳冬期、ザンスカール谷から流れ出るザンスカール川は凍結する。すると、そこに氷の回廊が現れるのだ。一〇〇〇年以上前からこの地に住む人々が冬季に利用してきた幻の道であり、チャダル（凍れる河）と呼ばれている。タシはザンスカール谷のツァザール村の出身で、小さなときからチャダルを歩いている。私はタシの協力のもと、冬季のザンスカール谷を目指す計画を立てていた。

夏のザンスカール谷は一年半前に訪れていた。

私はスピティ谷の旅を終え、雪が降り始める前にギリギリのタイミングで一週間かけて険しい山々を越えてザンスカール谷に入った。谷では山中にある小さな村の民家に滞在しながらザンスカールの人々の暮らしを見て回った。そのとき、その伝統や文化の純粋性に驚き、滞在は予定より長くなった。そして、厳冬期に現れる幻の道のことを聞き、冬のザンスカール谷に思いを馳せたのだった。

本当はその翌年にチャダルを歩くつもりだったが、土砂崩れの影響で冬の入域が禁止され、やむなくムスタンに向かったという経緯がある。

計画は当初より一年遅れて実行に移されることになった。


この年の氷の状態はあまり良くないようだった。世界的な気候変動の影響はこの天空の地でも例外ではなく、気温が通常よりも早く上がり始めているのだ。そのためところどころ川の氷が溶け、崩壊しているという。

ザンスカール谷までの行程は片道五日間から一週間。その間、常に氷の上を歩き、夜は川辺の洞窟かテントで眠る。氷が崩壊すれば道が閉ざされるどころか、氷の下を流れる冷たい川に飲み込まれ、数分ももたずに死んでしまう。毎年、何人かが川の流れに命を飲み込まれている。川の氷結状況は生死に直結する問題である。

また、もし気温が上昇すれば、たとえザンスカール谷に辿り着いても戻ってこられない可能性もある。その場合、雪が解ける夏まで谷の村で過ごすことになる。

「もしそうなったら、ツァザール村の実家に泊まればいいよ」

タシはそんなことは大したことではないといった調子で言った。確かに氷が崩壊して川に飲み込まれて凍死や溺死することに比べれば、数ヵ月間冬の谷で過ごすことは大きな問題ではないのかもしれない。

川を歩いている間は野営の装備が必要で、また谷に着いてからも食糧事情が乏しいため、往復と谷での滞在中の食料も含めて三週間分を用意しなくてはならない。撮影機材などもある私はすべてをひとりで持ち運ぶのは難しく、ポーターとともに歩くことになる。

タシには五人の兄弟と三人の姉妹がいる。そのうちのひとり、四男の弟が私と一緒にチャダルをツァザール村まで歩いて行ってくれることになった。

一六歳の青年は、名をゴンポといった。その名は創造と破壊を象徴する神である大黒天を意味する。頼もしい限りである。しかし、実際にはゴンポは恥ずかしがり屋で柔和である。口数は少ないが、顔にはタシと同じように人に安心感を与える表情が常に浮かんでいる。

私たちは食料を買い集め、ザックに詰め込んだ。米、乾麺、豆などの乾燥した食材が中心で、あとはヤクの乾燥肉やチーズ、野菜は玉ねぎやニンニクなどを買い集めた。水は氷を溶かして飲むことになる。

大半の段取りは事前にタシが整えてくれていたので、それだけを済ませるとあとはもう何もすることがなくなった。

翌日から数日間は寒さと高度に体を順応させるため、レーの街の近くの岩山を登ったりしながら過ごした。

オールドレーと呼ばれるチベット族が古くから住むエリア。その裏側にある岩山の中腹あたりにかつての王宮がある。一九世紀まではこの地は仏教王国として独立国家であった。歴代の王はこの岩山から世界を眺めた。

上りが続くと、すぐに体が重くなった。この二年間、チベット文化圏の旅を繰り返し高地には慣れているはずだったが、これほどの寒冷地は訪れていなかった。空気が冷たく乾燥しているためか酸素が薄く感じる。高地の日差しは鋭く、防寒具の隙間からわずかに露出した肌が日に焼けヒリヒリする。

ラダックの空気を毛細血管の隅々まで循環させるイメージを持ちながら深く呼吸をし、

ゆっくりと歩く。

旧王宮からさらに二〇分ほど登ると頂上付近に僧院がある。いまはほとんど使われておらず、ところどころ崩れ落ち、古い本堂は閉ざされていた。崩れた壁面の一部に腰を下ろし、そこからレーの街とそのまわりを取り囲む雪山を眺めた。

レーの街は朝靄に覆われ、靄を透過した柔らかい光で包まれていた。その向こうにそびえる山々には雪が降っているようで、レーの北側へと向かう道が白く消えていた。道は海抜五三五九メートルのカルドゥン峠を越え、ヌブラ谷へと向かう。

雪は徐々に風景を飲み込みながら、こちらに近づいている様子だった。

雪はどうしてあんなにも静かなのだろう。音もなく、気配もなく、優しく大地を染めていく。そこには冷たい死の気配があるのにもかかわらず、その死の存在さえも美しく見えてしまうから不思議である。

足元に積もっている雪を見ると、タルチョが半分埋もれていた。

祈りの旗は寒さで凍りつき、風が吹いてもなびくことがなかった。

旗に描かれたルンタ（風の馬）は、静かに雪解けを待っていた。

レーで数日、高地順応を兼ねて過ごしたあと、私はザンスカール谷へ向けて出発した。

インダス川とザンスカール川の合流地点に立つと、ザンスカール川が青白く凍結しているのが見えた。川から押し出された氷が時折、インダス川の濁流に飲み込まれながら下流へと流れていった。

インダス川に架かる橋を渡り、ザンスカール川に沿って延びる道を行く。道はこの数年の間に延伸され、最終的にはザンスカール谷まで続く予定になっているらしい。そのための工事がこの数年、ずっと行われている。

道路沿いではインド南部からはるばる道路工事のために連れてこられた労働者たちが作業をしていた。彼らは慣れない寒さにみな凍えていた。崖は険しく、ほぼ垂直にそそり立っている。その一部を削り取るようにして道を作っていく。重機は乏しく、スコップや金鎚などの道具で石を砕いて手作業で運んでいる。このペースだとあと五年以上はかかるかもしれないが、労働力が豊富なインドにおいて、完成はそれほど遠い未来のことではないだろう。そうなるとチャダルは役目を終え、本当の意味で誰も使わない幻の道になる。

道路は川沿いのチリン村の近くまで延びている。予定ではこの村の手前近くから崖を下りて凍った川に降り立つつもりであった。

しかし、その途中、突然足止めを余儀なくされた。土砂崩れである。無理のある工事を推し進めたためか、一〇メートルを超すような巨大な岩が道路を塞いでしまっていた。巨岩の手前で労働者たちが右往左往しているが、解決する兆しは感じられない。川に降りて歩き始めるという手もあるが、氷の状態が芳しくない。崖を登って迂回するにも険しすぎる。前にも横にも進めず、まだスタート地点にも立っていないのに、いきなりの手詰まりである。

仕方なく、凍えながら車中で過ごすことにした。しかし、一時間経っても、二時間経っても事態は改善せず、労働者たちも焚き火をして暖を取るばかりである。一年前はさらに上流でもっと大規模な土砂崩れが発生した。岩石が川を堰き止め、いつ決壊するかわからない状態となった。そのため私はその年の計画を断念したのだが、今年もまた断念せざるをえないのかと、暮れゆく空を見ながら放心していた。

あたりが暗くなったころ、事態が動き始めた。どこからか爆薬を運んできたようで、岩を爆破して砕くということになった。

発破の瞬間、轟音が谷底に鳴り響いた。私はその音でまた新たな崖崩れが起こるのではないかと気が気でなかったが、噴煙が消え去ると、そこにはわずかばかりの隙間ができていた。そこからの動きははやく、労働者たちが砕けた岩を運び去り、道を平らにならした。そして深夜に差し掛かろうかという時刻になってようやく車が通れるだけのスペースができた。

我々は岩と岩の間の狭い隙間をすり抜け、崖崩れの向こう側へと出た。そして予定していたポイントにようやくの思いで辿り着いた。荷物を取り出し、崖を下る。深夜に凍った川に降り立つのは危険なため、この日は崖下の平らな箇所にテントを張り、眠ることにした。

テントは日本から持ち運ぶ荷物を少なくするために、事前にタシに頼んで用意しておいてもらったものを使った。しかし、真っ暗ななかテントを設営すると、なんとそれは冬用のものではなく、スリーシーズン用の風通しの良いものであった。温度計を見るとマイナス一八度。私は用意していた防寒具をすべて身に着けてから寝袋に潜り込んだが、それでも風が入り込んできて寒い。きっとタシにとってはこれくらいの寒さなどあまり気にならないのだろう。雨や雪が凌げれば、それでいいのかもしれない。しかし、寒さに免疫のない私には酷である。

この日は結局、氷に触れることすら叶わず、寒さに凍えて眠りについた。


谷底の夜明けは遅い。遥か地平線の彼方から顔をのぞかせた太陽は、高度と輝度を徐々に上げていく。しかし、日の光が谷底まで届き、凍った川で眠る人間たちの体を温めるまでにはさらに数時間がかかる。

私は寒さでよく眠れずに早朝からテントを這い出て、太陽光線が徐々に谷底へと降りてくる様子をまだかまだかと眺めていた。

少しずつ準備を整え、凍った川に降り立つ。氷は硬く、まるで岩の上に降り立ったかのようなしっかりとした感覚が足の裏に伝わってきた。

私は膝下まである防水の長靴を履いていた。靴底に保温効果のある素材を使用し、靴下も分厚い寒冷地用のものを用意した。氷上にはところどころ溶けて水たまりのようになっている場所があり、そのときにはジャバジャバとそのなかを渡るため、防水の長靴が必要になる。実際、現地の巡礼者たちはレーの市場で手に入れた中国製の安い長靴を履いていることが多い。そして、しっかりと凍って固まった硬い氷の上を歩くときは靴底にアイゼンを取り付ける。金属製の爪がしっかりと氷を摑み、滑ることがない。

川幅は五〇メートルほどだろうか。広いところでは一〇〇メートル、狭いところで三〇メートルほどしかないところもある。両脇は断崖絶壁である。崖の上までは高いところでは一〇〇メートル近くはある。谷底を流れる川の水面すべてが凍っているときもあれば、真んなかが崩れ落ち両脇の一メートルほどしか氷がないこともある。その場合、足を滑らせればそのまま勢いよく流れる冷たい川に飲み込まれることになり、かなりの確率で死ぬことになる。

水深は浅く、深くてもせいぜい三メートルほどだが、流れは激しい。一度飲み込まれればすぐに溺れるだろう。水は青く澄み、水底が時折流れのなかに見え隠れする。水底に転がる石はどれも水の流れで削られ丸みを帯びている。それだけ流れが激しいのである。

荷物を背負い、歩き始める。

アイゼンの爪が氷に刺さるときに、ザクザクザクと小気味良い音をたてる。氷は基本的に平らで歩きやすい。標高四〇〇〇メートル近く。空気は薄いが高低差がほとんどないので息があがることはない。しかし、川が蛇行している場所は氷が溜まり乱氷帯になっていることが多く、そのような場所では崖に登って迂回するか、氷を越えて進むことになる。そうなると肺はぜいぜいと不器用な音をたて始め、毛細血管は酸素を求めて膨れ上がり脳を圧迫する。

一歩、また一歩。

初めは慣れないためになかなか進まないが、少しずつペースが摑めてくる。前日は出鼻をくじかれるようなスタートだったが、ようやくチャダルに降り立ち歩くことができた。遅れを取り戻さなくてはならない。

しばらく歩くと、前方の氷の上に黒い点々が見え始めた。近づくと赤や黄色、紫などの派手な色の点へと変わっていった。その点たちはどうやら動いているらしく、川の縁に立ち壁面近くに集まっている。不審に感じながらも近づき、段々と距離が縮まってくると、その点たちは防寒具に身を包んだ人間の集まりだということがわかった。どうやらインド人観光客のようである。

インドは近年、急激な経済成長の真っ只中にあり、ニューデリーやムンバイなどでは既存のカースト制度にとらわれない新たな富裕層が多く生まれ、彼らの多くが国内外へと観光に出かけるようになった。かつては不安定極まりなかった飛行機の定期便が安定的にレーのような高地にも飛ぶようになり、またインターネットなどの情報網の発達も手伝い、それまで地元の人とごく限られた物好きな外国人ぐらいしか訪れることのなかったこの氷の川に国内の観光客が大挙して集まるようになった。事前にタシから聞いていたが、実際にその一団を目にしたとき、あまりの多さに驚いた。

インド人観光客たちは食べ物に群がる蟻のように岩肌をよじ登っていた。どうやらその付近の氷の状態が芳しくなく、川の上を歩くことができず、崖を登って迂回する必要があるようだった。

過剰な装備や防寒具で着膨れした彼らにとって足場の悪い崖をよじ登るのは難しく、そのために渋滞し、人だかりができていた。他のルートがないか探してみたが見当たらず、彼らが登っている崖を越えるしかなかった。そのため、しばらく足止めを食らうこととなった。

歩くのをやめると、急激に体が冷えてくる。早く順番が回ってこないかと思いながら彼らの様子を見ていた。こんなところを行くなんて聞いてなかったと言ってガイドを怒鳴りつける人、ラダック人を使用人のようにこき使う人、アミューズメントパークか何かと勘違いをして得意気に崖の中腹でポーズを取り写真に写る人。それを眺めていると、一体ここに何を求めて来たのだろうかと疑問に思ってしまう。

順番が回ってきて、崖を登る。ようやくのことで向こう側に回り込み再び氷に降り立つと、インド人観光客たちを振り切るようにペースを上げて歩き始めた。ゴンポに聞くと、彼らが行くのはこのすぐ先までで、そこで引き返すとのことだった。

観光客のうちのひとりにザンスカール谷まで行くのかと尋ねた際、「ザンスカールって何?」という答えが返ってきたのには驚いた。彼らにとってのチャダルとは、閉ざされた祈りの世界へと続く幻の回廊ではなく、ただの氷に触れられる娯楽のための場所なのである。そのため、大抵の観光客はチャダルのあまりの寒さと空気の薄さや過酷さに音を上げ、すぐに引き返してしまうのだそうだ。

その言葉通り、一時間も歩き続けると彼らの姿は消えてなくなり、谷は再び静寂に包まれた。私は再び、自分の世界に籠もりながら歩き続けた。

ゴンポたちは私のすぐ後ろをついてくる。

彼らは四〇キロ近い荷物を木製の橇《そり》の上に載せ、それを引きながら氷上を歩いている。氷の状態が良ければそれほど負担にはならないが、氷が盛り上がった乱氷地帯や、氷が崩壊して氷上を歩けない場合などは、先程のように険しい崖を登って迂回をしなければならない。

そのときは重い荷物を橇ごと背負い、よじ登る。いつも陽気な彼らも、このときばかりは山の男の顔つきになり、顔を赤くして壁面を登った。

朝食は野営地で出発前に済ませ、昼食は氷上でザックからチョコレートを取り出し、お湯を沸かして甘ったるいチャイとともに摂るだけで済ませる。夕食は野営地に着いてからである。

歩くこと七時間。谷の幅が狭くなっている箇所があり、そこに差し掛かると川が蛇行し始めた。奥へと入り込んでいくと、湾曲する川の外側部分が大きく張り出し、岩や土が堆積してなだらかな平地になっている箇所に辿り着いた。ビルが乱立する合間にある小さな中庭のようである。

そこがこの日の野営地であった。

野営地に到着してまず初めにすることは薪拾いである。薪で火を焚くのだ。夜の寒さを凌ぎ、料理にも使う。また濡れた靴下や装備などを乾かす必要もある。しかし、薪となる木々はそれほど多くはない。上流から流れてきて吹き溜まった流木を探し集める。そもそも標高が高く大きな植物が育たないため、大抵の流木は細く小さい。それでも丁寧に拾い集めていく。この作業におよそ一時間はかかる。ようやくある程度の薪を集めることができたら、寝床を決める。この日は崖に人が五人ぐらい入れるような小さな洞穴があったので、なかで眠ることにした。

夕日が沈むまではまだ時間があるが、谷底からは太陽は見えない。谷は暗い影のなかにすっぽりと入り込み、まるで世界から忘れ去られた場所のようだった。気温はぐっと下がり、じっとしていると足の指先の感覚がなくなり、体の中心部に凍った針を通されているかのような寒さが走る。

洞穴の入り口付近で火を焚く。

薪はしばらく燻ったあと、ぼっと炎を吐き熱を生み出した。焚き火のまわりにある手頃な大きさの岩に腰を下ろし、靴を脱いで足の裏を火に近づける。炎は揺らぎながら、遠慮がちにこちらに歩み寄っては遠ざかっていく。湿った靴下から少しずつ水蒸気がゆらゆらと立ち上る。しばらくすると、足の裏から伝わる熱が血液の流れに乗って体全身に行き渡っていくのが感じられた。体のなかにある氷の芯が溶けていく。凍った脳が弛緩していく。疲れが全身に覆いかぶさる。

私は長く深い溜め息をついた。

氷の世界では食事は唯一の楽しみである。鍋を火にかけダル（豆のスープ）を作り、米を炊く。体温を維持するために体は多くのエネルギーを欲しており、口に運ぶ食事はするすると胃のなかへと流れ込んでいく。やがて摂り込まれた食事が体内でじわじわと熱に変換されていくのがわかる。それは至福のときである。しかしそれも束の間、食べ終わると、空になった鍋のような虚無感が心に訪れ、疲れがどっと出た。

食事を済ませると、あとはすることがなくなる。焚き火を眺め、静かに過ごすだけである。空を見上げると、垂直に切り立った崖の輪郭に切り取られ、川と同じ形になって見える空に、青白いどんよりとした雲が流れていた。雲は細かな雪を吐き出した。それは静かに谷底へと落ちてきて、ふとした拍子に風に煽られて洞穴の入り口に降り注ぎ、焚き火の上ですっと姿を消した。

炎を眺めながらゴンポたちと話をした。

ツァザール村での生活のこと。レーのような街に行ったときに何をしているのか。村に帰ったら恋人はいるのか。兄弟のこと、両親のこと。ゴンポたちは英語がそれほどうまく話せるわけではないので、あまり深く会話をすることができないが、それでも私たちが不自由を感じることはなかった。

炎を囲んでいるとその熱が私たちの境界線を溶かし、言葉というものがあまり大きな意味を持たなくなっていくような気がした。人里離れた深い谷の底で私たちが同じ炎を眺めているだけで十分である。炎を媒介にして、私たちは確かにコミュニケーションをしていた。

私との会話が途切れると、ゴンポたちはラダック語で話し始め、私は静かに耳を傾けた。その音は耳によく馴染み、どこか懐かしいような響きがあった。雪に覆われて真っ白になった麦畑、ヤクの背中の毛に霜が降りる様子、老婆が焚き火の前で手にする数珠の動き、厳しくも穏やかな人々の表情、春を待ち望む心。

彼らの会話の向こう側に、冬に閉ざされたザンスカール谷が見えるような気がした。

炎のゆらめきと彼らの声の波長が重なり合っていくのがわかった。

揺らめく炎は、波に似ている。

体が芯から温まるのを待って、私は洞穴のなかで横になった。

およそ三〇〇年前からチャダルはこの地の人々に利用されてきたと言われている。数々の旅人がこの洞穴で夜を過ごしたのだろう。彼らが繰り返しここで焚き火をしてきたために、天井は黒く煤けていた。黒い壁面は、彼らが氷の回廊で過ごした時間を想像させた。

この日、無名の旅人たちの記憶とともに眠った。

次の日は朝から快晴だった。川が氷結するためには、晴れたほうが良いとのことだった。そのほうが明け方の気温が下がり、よりしっかりとした氷が形成されるという。

前日と同じように、淡々と歩き続けた。

硬い氷、薄い氷、シャーベット状になった氷、二重構造になった氷。さまざまな氷が次々と現れ、そのたびに状態を確認し歩く。夜の間に冷え切った体に血液が徐々に巡っていくのがわかる。熱がこもっていく。防寒着をひとつずつ脱いで温度調整をする。気温を見るとマイナス一二度だった。寒さに慣れた体だとこれくらいの気温は暖かく感じる。

空は快晴だが太陽の光はなかなか谷底まで届かない。谷底に日差しが当たるのは太陽の高度が高くなる正午を挟んで四時間ぐらいだろうか。日差しがある時間帯は氷からの照り返しもあり、荷物を背負って歩いていると汗ばんでくるほどに暖かく感じる。しかし、太陽光がなくなると体感温度は下がり、吐く息が凍り鼻水が凍る。鼻と口を布で覆っているのだが、それがコチコチに凍ってしまう。

まわりをぐるりと谷に囲まれていると、自分が属する世界が遠く感じられる。確かに都会の記憶はあるが、遠い幻のように感じられた。

谷底にいると太陽は谷底の外にも世界があることを知らせてくれる唯一の存在となる。太陽を感じることにより、世界はいまも遅滞なく進んでいることを知る。その下に恋人がいて、家族がいて、私が住む街がある。人々は仕事に出掛け、車が走る。人間がつくり出した極めて精緻で複雑な世界はところどころ淀みながらも進行し続ける。その世界にいる人々は、いまこの瞬間、凍った氷の上を祈りの谷を目指して黙々と歩き続ける人間が同じ太陽の下にいることなど想像もできないかもしれない。

しかし、谷底で数日過ごすと、段々と外の世界のことは忘れていった。私が属していた世界は遥か彼方に消え去り、私はずっと以前からこの谷底にいたような錯覚に陥る。都会での生活は朧気で、現実感はなく夢のように感じられる。私は谷に飲み込まれているのかもしれなかった。

しかし、それは恐れることではなかった。

私は一歩踏み出すたびに、ひとつ、またひとつと知らず知らずのうちに自身が都会の生活で身に付けている余分なものが削ぎ落とされていくのを感じていた。虚栄心、無意味な自尊心、打算的な思考、自分の心を隠して相手の心を探る癖、他者を許容しない狭い心。

私は少しずつ、心が身軽になっていくのを感じた。

チャダルを歩くうえで最も重要なのは、氷の状態を見極めることにある。速く歩くのではなく、最短距離を行くのでもなく、ただひとつ、割れない氷の上を歩くことである。

地元の人たちはみな片手に木の棒を持ち、氷をコツコツと突いて確認している。またアイゼンを付けている場合は、足音がどのように響くかで氷の状態を知る。川面がすべて凍っている場所では自分の足音をしっかりと感じることができる。しかし、川面が口を開けていたりすると、水が流れる轟音が谷に響き足音が聞こえなくなってしまう。その場合は、足の裏の感覚に神経を尖らせる。しかし、分厚い靴底と靴下を使用しているため、どうしても感覚は鈍くなる。

また氷上での一日は変化に乏しい。その単調さは思考を内側へと引き込んでいく。そのため風景を見ながらも、さまざまな思考が脳内で交錯し没頭してしまう。

あるとき、足元でパリッと音がして氷を踏み割ってしまった。しまったと思ったが、幸いそれは前日溶けた氷が水たまりとなり表面が薄く凍っている箇所だった。表面は薄いがなかは氷、その下は分厚い氷なので川に落ちることはなかったが、もしこれが脆い氷だったらと思うと足元から恐怖がよじ登ってくる思いがした。薄い氷を踏み割る前に、恐らく足裏の感触や氷を踏み鳴らす音が違っていたはずである。考えることに夢中になっていたため、気がつかなかったのだ。

私は猛省し意識を足の裏に集中し直して、また歩き始める。その繰り返し。

しばらくすると凍った滝が目に入った。

崖の上から流れ落ちる滴が凍りつき、まるで時間が止まったかのように滝が静止していた。幾筋もの水の流れが積み重なりひとつの氷の壁をつくり上げている。太陽の光を浴びて内部が青く発光しているように見える。チベット族の女性が好んで身に着ける翡翠のようでもあり、青色というよりは碧色と呼ぶにふさわしい色をしていた。氷の存在は恐怖でもあるけれど、同時に美しい。自身の心の持ち方で、その感じ方も変わる。

滝を過ぎ去ると、今度は巨大な氷が重なり合うように崩れた箇所が続いた。

私たちは折り重なる氷を慎重に越え、何回かは崖に登って迂回しながら進んだ。この難所を苦労して越すと氷の状態は穏やかになった。この地点で上流から下流にかけて急に川幅が狭くなるため、氷が一箇所に集中し、ぶつかり合うのだ。やがて上流に進むにつれて平らになったかと思うと、今度は中央がぽっかりと開き、氷は川の両側の数メートルにあるだけとなった。

片方にはオーバーハングした崖。もう片方には勢いよく流れる冷たい水。その間に続く僅かな氷の道を行く。崖にへばりつくようにある氷の幅は狭く、心もとない。いつ崩れるかわかったものではない。私の体重がかかった瞬間に崩落する可能性もある。かといって、迂回するのは不可能だった。崖は登ることを想像させないほどに切り立ち、見上げる壁面はカミソリのように空を切り裂いている。

慎重に足を踏み出し、いまや回廊ではなく綱渡りのような状態となった氷の上を歩く。気をつけなくては。

私はこのとき、氷の状態とすぐそこに迫る冷たい激流が気になって、他のことに意識が向いていなかったかもしれない。下ばかりを見ながら歩いていた私は、突然バランスを崩した。迫り出した岩肌に背負っているザックの一部がぶつかったのである。危険を感じ咄嗟《とっさ》に膝をついて氷上にかろうじて留まったが、手をついたすぐその先に冷たい水が、愚鈍な私をいまにも引きずり込もうかという勢いで流れていた。

もし川に落ちたら数分ともたずに死ぬだろう。激しい流れに揉まれ低体温症で死ぬ。もしくは、流れとともに氷の下に引きずり込まれて溺死する。危なかった。私は油断をしていたのかもしれない。氷の上を歩くことに慣れ、そこに死の気配があることを感じられなくなっていた。

体の芯が震え、遅れて恐怖心が芽生えた。

ゆっくりと立ち上がり、もう一度前に進む。この脆弱で狭い氷の上に長くいるには不安がある。細心の注意を払いながら、一定のペースで歩いた。

私は心を平静に保つことを心がけた。心を柔軟に保ち、自然の力をうまく受け流さなくてはならない。

もし自分のなかに恐怖なり違和感がある場合、自然の脅威は抜け目なくその隙間から入り込み襲いかかってくる。私は自身の内部に芽生えた恐怖心を消そうと試みた。冷静であるようにと自身に言い聞かせている時点で、もはやそうでないことを認識しているのだが、それでも冷静である自分を探し出そうとした。

なんとか無事に難所を抜けると、あとはまた単調で平坦な氷の世界が続いていた。

私は空を見上げ、深呼吸をした。

その後、七時間ほど歩き続けた。

一時間で三キロぐらいは進んでいるので、二〇キロほどの距離を歩いたことになる。標高四〇〇〇メートル近くの氷の川の上を歩いていることを考えると、いいペースであった。ただ何度も繰り返すように、チャダルでは速く歩くのではなく、氷を踏み抜かず、川に落ちないことが一番大事なことである。私はそのことを自身に言い聞かせた。

この日は洞穴が見当たらなかったため、川縁にわずかに堆積した砂地の上にテントを張ることにした。すぐ脇は凍った川になっており、中心部に穴が空き、碧い川が濁々と流れている。もし寝ている間に氷が崩壊すれば、間違いなくテントは私をなかに入れたまま冷たい流れに飲み込まれてしまうだろう。しかしながら、これより先にはしばらく安全に野営ができる場所はない。今日はここまでにしたほうがいいというゴンポたちのアドバイスに従い、重い荷を降ろした。

前日と同じく、早速薪拾いである。この日は薪を集めるために遠くまで歩き、崖を途中まで登らなくてはならなかった。氷の季節が終わり雪解けの季節になると川の水量は増える。流木は川面から一〇メートルくらい上がったところに溜まっていることが多いのは、春にはそこまで水位が上がるということである。ザンスカール谷に辿り着くまでの間に、崖の上にいくつか小さな村があるが、そのような村は雪解けの季節になると、チャダルを歩けなくなってしまうため、アクセスは春のほうが悪くなってしまう。川が凍っていれば数日で行けるところを、山をいくつも越えて一週間近くかけて移動しなくてはならなくなるのだ。

食事を済ませ、テントのなかに入る。マットを敷き、寝袋を広げる。寝袋はふたつ用意していた。分厚いほうを内側にして外側に薄い寝袋を重ねる。更にその上に薄い布をかける。どれだけ凍えるように寒くても、人は寝ている間に多くの水分を体内から出す。その水分が寝袋を通り抜け外気に触れた瞬間、凍結し霜となって表面に付着する。そしてそれが溶けると寝袋が濡れてしまう。そのために一番上に薄い布をかけておく。寒冷地では装備を濡らすことは禁物である。一度濡れるとなかなか乾かない。焚き火も毎日できるかどうかもわからないため、極力、濡らさないように気を使わなくてはならない。

夜はすることがないので早々に眠りにつく。寝袋に潜り込むと、じわじわと疲れが滲み出て体が重くなっていく。寒さが徐々に体の芯のほうに浸透して冷えてくる。足の指先などはすぐに寒さで痺れる。

うとうとしたと思ったら目が覚め、またうとうとして目が覚める。どうやら眠りが浅いようだった。寒さと空気の薄さが原因かもしれない。

夜、極寒のなかで睡眠と覚醒を繰り返し、私は川が流れる轟音を聞き続けた。

あたりが暗くなると川の宝石のような碧さは消え去り、闇に飲み込まれる。川は目に見えず、その存在を示すのは水が流れる音だけである。川の音は闇の底で轟き、谷の壁面に反射して幾重にも重なっていく。夜の川は昼間の透明感のある響きではなく、ねっとりとした重い音がする。

音は遠くに聞こえるときもあれば、すぐ近くに迫って聞こえるときもあった。また流れがぶつかる氷が不安定なのか、時折、ギシギシと不穏な音をたてた。もし、いまこの瞬間、どこかで氷が崩壊すれば川の水が勢いよく流れ出し、私は氷もろとも飲み込まれてしまうだろう。

そのイメージがひとたび心に芽生えると、みるみるうちに大きくなっていった。心のなかに闇が流入し、恐怖心をさらに増幅させていくような気がした。

しかし、冷静に考えると、実際にそこに流れる川はよっぽどのことがない限り襲いかかってくることはない。私がいまこの瞬間、テントのなかで感じている恐怖は自身が生み出したものであるといえよう。闇と音が私の想像力を喚起し、迫りくる冷たい死の流れを連想させていた。

日中、狭い氷の道の上でバランスを崩したときのことが思い出された。

あのときの恐怖感。あれは私が氷上で膝をついたときに生まれた。死が差し迫って恐れたのではなく、死を回避したあと、そこに横たわっていた死を想像して恐れたのである。私は膝をついた時点で死からは逃れていたはずだった。起こるかもしれなかったもうひとつの可能性を想像して恐れているにすぎなかった。

そう考えると、恐怖とは人が頭のなかで想像力を働かせて生み出すものであり、実際は目に見える形では存在しないといえた。

しばらくすると、あたりが急に静かになった。

雪だった。

雪が降ると音が消え去る。一粒一粒が音を吸収しながら舞う。

同時に、雪は私の心のなかの恐怖心を覆い、白く染めていくような気がした。

いつしか私は深い眠りのなかにいた。

翌朝、寒さで目が覚めた。

テントのなかでは私の息や汗の水分が付着して、あらゆるものが凍りついていた。しばらく外に出る気になれずに寝袋のなかに留まっていたが、テントの外がやけに明るく感じられ、入り口を開けた。

すると、そこは一面の雪景色だった。

世界は白銀の雪に覆われ、きりりと引き締まった空気に満たされていた。川からは靄が立ち上がり、白い世界を割くように碧い水が流れていた。

テントに積もった雪を落としていると、まわりに獣の足跡があるのに気がついた。大きさは一〇センチほどで、丸みを帯びたはっきりとした四つの指の跡がある。雪豹である。

標高四〇〇〇メートルを超すこのエリアは雪豹の生息地域である。冬の間は餌を獲るために川に降りてくる。主に夜に行動をするため日中はほとんど見られないが、明け方や夕方に見かけることが多い。実際、私もチャダルを歩き始めた初日に、夕闇に紛れる雪豹の姿を見かけていた。しかし、これほど近くにその存在を感じることはなかった。

足跡は私のテントのまわりを確認するかのように残されていた。何か食べ物がないか探していたのだろうか。それともテントのなかにいる人間の匂いでも嗅いでいたのだろうか。

テントを片付け、荷物を背負う。

私は雪豹の足跡を辿りながら歩き始めた。足跡が残っているということは、まだそれほど時間が経っていないのかもしれない。足跡は野営地から川に沿って上流へと続いていた。よく見ると、雪豹以外の足跡が残っていた。イタチか何か小型の動物が歩いた跡があり、雪豹はそれを辿って歩いているようだった。

まだすぐ近くにいるかもしれない。私は谷を見渡してみるがそれらしい姿は見当たらなかった。もしかしたら雪に隠れてこちらをじっと見ているかもしれない。そう考えると、あちらこちらに雪豹のグレーと白の柄が見え隠れするように思えてくるが、立ち止まってよく見ると実際はどれも雪に露出した岩に過ぎなかった。

しかし、そこに雪豹がいるという気配は確かにあり、岩陰から息遣いを感じた。そうやって雪豹の視線を意識しながら足跡を辿っていると、段々と彼らの視点が私の視点と重なるような感覚がした。

薄明のなか、獲物の足跡を追って歩く雪豹。凍りついた匂いまでも嗅ぎ分けることができる濡れた鼻。絶えず響く川の音に紛れるほんの小さな獲物の足音を聞き分ける鋭敏な耳。チャダルの雄大な景色を映し出す澄んだ瞳。人間がこの地を訪れるずっと以前から雪豹たちは氷の川を歩いていた。その記憶が深く刻まれたDNA。

峠を越え、川を渡り、谷を歩く。時々、人間の前に美しい姿を現し、無言のうちに私たちに何かを訴える。凍えるような夜も、激しく刺すような星空も、純粋無垢な雪の世界も、雪豹はひとりで眺める。

一歩、また一歩。その孤独な足跡を辿り、氷の世界で雪豹が生きる姿を想像した。しばらくすると足跡は崖の上へと続いていき、やがて消えてなくなった。足跡が消えると同時に、私は雪豹の視点を失い困惑した。雪豹を通して世界を見ていると、生も死も、善も悪も、人間も獣も、大地と生き物も、空も水も炎も木々も、すべてに境界線がなく平等であった。しかし、一度人間の視点に立ち戻ると、世界はさまざまな境界線によって分断されているように思えた。

私はなおも歩き続けた。

毎晩寒さでよく眠れず、疲れは溜まる一方だった。背中の荷物は重く感じられ、足の動きは鈍くなっていく。それでも前に歩かなくてはならない。チャダルに降り立った以上は、先に進むしかない。

足を前に踏み出すが、雪が積もっているために氷の状態を目で確かめることができない。また音も雪でかき消されて判別しづらい。そのため、踏み出していきなり氷を踏み抜く可能性があり、慎重に歩かなくてはならなかった。

雪豹の足跡がなくなってからは、まったくの手付かずの純白の世界だった。存在するのは私が作る足跡だけ。踏み出す一歩一歩が風景を変え、作り上げていく。

やがて、崖の向こう側から太陽が見え始めた。するとそれまでの単調な雪景色は消え去り、強烈な光を乱反射し始めた。

質量を感じるほどの眩しい光が世界に溢れる。どこまで行っても、どこを見ても白い光。その光に包まれると、まるで自分自身も消えてなくなっていくような気がした。それはまるで白い無が迫ってくるような光景であった。

実際、私がここで白い光に溶かされてこの世界から消えてしまっても、なんら差し支えはないのかもしれない。私の家族、知人は悲しむかもしれないが、日々遅滞なく回転する世界にはほんの僅かな歪みも与えることはないだろう。

何百万年という時間が作り上げた谷。何千万年もかけて進化してきた雪豹の存在。何億年という時間のなかで磨き続けられた川の碧い色。それらが持つ時間軸に立てば私という存在など、無も同然である。

しかし、と私は思う。

いまこの瞬間、私の肉体は疲労で喘ぎ、肺はキリキリと軋んでいる。熱い血液が流れ、心臓が小刻みに脈打っているのがわかる。その鼓動を感じている。心は逡巡し、悩み、苦しんでいる。大地から見れば私の肉体の存在は確かに無に近いかもしれない。しかし、私の心の存在までは否定できない。私が自身の心の流れを感じ続けている限り、私はここに存在していると言い切ることができる。

スピティ谷でシエラに出会ったときのこと。キー僧院で私のためにツァンパをこねてくれた老僧の表情。ムスタンで河口慧海の像に見据えられたこと。ローマンタンの壁のなかに漂う生活の匂い。青海省の寂れた街で食べたトゥクパの温もり。その時々で、私は心の流れを感じてきた。それは確かな記憶として私のなかに蓄積し、現在に繫がっている。

何より、雪の上に生み出される足跡は、私がここにいることを確かに証明していた。白い世界のなか、私は黙々と歩き続けた。

谷は徐々にその両側の斜面が迫ってきて、やがてひときわ狭い場所へと続いていた。それはまさに氷の回廊と呼ぶにふさわしく、白い巨大な門を思わせた。

夕方前、荷物を降ろし野営の準備をした。

夜、尿意を感じてテントの外に出ると、空に無数の星が浮かんでいた。星は無数の目となり、私を鋭く見つめていた。

谷底から見上げる狭い夜空は、空に浮かぶ女性器のようだった。

私は寝袋に潜り込み、胎児のように眠った。


迎えた五日目の朝。

ザンスカール谷に到着した。

それは突然であった。

細く狭い谷底を歩き、氷が途切れたところで谷の上へと登る道を行くと、ザンスカール谷が目の前に現れた。両側を六〇〇〇メートル級の山に挟まれ、なだらかな広大な谷が広がっていた。ザンスカール川が谷の真んなかを走り、白い筋になっているのが見えた。

川は蛇行しながら上流へと続き、周辺に村が点在していた。数十ほどの家屋が並び、屋根から煙が上がっているのが見えた。屋根には五色のタルチョが掲げられていた。

その様子を見て、私は随分と久しぶりに心が安堵するのを感じた。


この閉ざされた谷に、一週間滞在した。

土壁の部屋に置かれた暖炉で燃える木の匂い。タシの母親の穏やかな表情。朝起きたとき薄い窓に張り付く氷。絶えず風が運んでくる祈りの声。僧院の勤行の厳しさ。鋭く青い空。湯気が立つチャイの甘さ。僧たちと並んで食べるツァンパの味。どこからか聞こえてくる機織りの音。ブルーシープ（バーラル、ウシ科の動物。ヒツジとヤギの中間とみなされる）と心を通わせる老僧の顔に深く刻まれている皺。

私はそのひとつひとつを心に刻みながら過ごした。

特に何かを知りたかったわけでも、することがあったわけでもない。ただそこで時間を過ごし、感じるだけで十分だった。

この谷は充足していた。閉ざされ疲弊するのではなく、閉ざされることにより満たされていた。

外部から何かが入ってこないということは、内部からも外に出ていかないということである。ザンスカール谷には穏やかな空気が充満しており、絶えず捧げられる祈りで谷が埋めつくされていた。やがて雪解けとともに冬の間に蓄積された祈りは堰を切ったように外界へと流れ出すのかもしれない。川の流れに乗り、風に吹かれ、世界の隅々まで祈りを届ける。そのためにザンスカール谷の人々は冬の間、祈りを捧げているのかもしれない。

そんなことを考えながら、日々過ごした。

ツァザール村のタシの実家で数日過ごしたあとは、カルシャ村に滞在した。

カルシャ僧院には毎日、朝と夕方に通った。急な崖にへばりつくように僧房が並び、その一番上に僧院がある。狭い入り口を入り、本堂に面した広場からザンスカール谷を見渡すと、眼下に白銀の世界が広がっていた。

暗い本堂ではどれだけ寒くても毎日勤行が行われる。冷たい床に腰を下ろし、小僧たちが入れてくれる熱いバター茶を啜る。薄暗い本堂の隅で粛々と読経が行われていた。その声はするすると耳に馴染み、私は心が満たされていくのを感じた。

僧院には毎日、村人たちが訪れては祈りを捧げていった。その様子を眺めているとき、ふと私はそれまでずっと考え続けてきた、祈りとは何かという問いに対する答えを得たような気がした。

私はこの旅のなかで何度も人々が目を閉じ、手を合わせている姿を見てきた。彼らは神々に対して手を合わせることによって自身のなかにある心の水面を覗き込み、心の流れを見つめていた。それは自分自身のなかにある「いま」を知る行為であった。そうすることによって、人々は自身が確かにその瞬間、存在していることを確認していた。

私がコルラの旅で訪れてきた地域はどこも雄大な時間を有した自然が存在していた。圧倒的な自然を前にすると、自身の存在が限りなく無に近いことを知る。チャダルを歩いているときにも感じたことである。そんなとき人は手を合わせ、自身の内側を見つめる。そして、そこに確かに心があることを確認する。私が一歩、また一歩と雪の大地に足跡を残してきたように、人々は手を合わせ「いま」を積み重ねる。そして、いま自分はここに確かに生きているというステートメントを無言のうちに発する。

それが祈りの意味なのではないだろうか。

最後にひとつだけ、ザンスカールで印象的だったことを挙げるとすれば、カルシャ僧院でタシのもうひとりの弟に会ったことだろう。

実はこの弟とは、二年前の夏に一度会っていた。ザンスカールの山々を歩き回り、最後、カルシャの僧院を訪れたとき、ひとり慣れない様子で戸惑っている一五歳くらいの僧がいた。なんとなく気になり話しかけて会話をしていると、偶然にもそれはタシの弟だった。ザンスカールでは兄弟が多い場合、そのうちのひとりを寺に預けることがある。それは家族が祈りの行為に関わることに意味があるという場合もあるが、養うことができずに預ける場合もある。

タシの弟はそのとき、僧院で生活をするようになってまだ二週間も経っていなかった。私と会話するうちに、ふと兄の名前が出てきて、その瞬間、彼はそれまでの緊張した表情を崩し穏やかな笑顔になったのを覚えている。

あれから二年。彼は立派な僧になっていた。自分より若い僧たちの面倒を見、子供の僧たちが遊んでいると厳しく叱る。あのときの不安げな表情はどこにも見出すことはなかった。私は彼の表情のなかに二年間の時間の積み重ねを見た。恐らく彼はこの二年間、自身の心に、「いま」に向き合い続けたのだろう。

ひとつひとつの表情のあり方が、そのことを物語っていた。

ザンスカール谷を離れるとき、別れの挨拶に僧院を訪れた私のために、タシの弟が短い祈りを捧げてくれた。私は目を閉じ、その祈りを受け取った。

帰りの日々、行きと同じように毎日氷の川のそばで眠った。川はもはや私に恐怖を与えることはなかった。

氷を洗う川の音が、穏やかに谷に響いていた。

レーを旅立つ日。

タシが宿まで迎えに来てくれた。

別れを惜しみ、また来るようにと言って、私の首に白い絹のスカーフをかけてくれた。これはチベット文化圏でカタと呼ばれるもので、儀式や高僧に接見するときや誕生日や親しい人の旅の送迎などの際に、敬意と感謝を込めて相手に渡す。

そしてもうひとつ、タシが私のために用意してくれていたものがあった。それはタルチョであった。祈りの経文が書かれた五色の旗。そこにルンタが描かれている。風の馬は祈りとともに風に乗って世界の隅々まで行きわたる。

「また来てくれよ、私の友達」

そうつぶやいたタシの瞳には、なぜか涙が浮かんでいた。

色达
Larung Gar Gompa
甘孜
Achengar Gompa
丹巴
道孚
成都
Kham
2016. 05.20—05.28.
MaErKang
马尔康
KangDing
康定
LiTang
DaoFu
DanBa
XiChang
西昌
MianNing
YaAn
雅安
LeShan
乐山
EmeiShan
MeiShan
DuJiangYan
WenChuan
SongPan
HongYuan
LuDing
ShiMian
JinChuan
XiaoJin
YaJiang
DaoCheng
JiuLong
Mt.GongGa
DaDu River
YaLong River
JinSha River
Min River
QiongLai Mountains
Daxue Mountains

第6章

血の雪

春が来た。

私は桜の花びらが春の風に舞う様子を鎌倉の自宅の窓から眺めた。

薄桃色の花びらは風に煽られると、石を投げ入れた水面に広がる波紋のように、ぱっと散る。そして空中を漂いながら、ねじれるように回転してゆっくりと落ちてくる。そのうちのいくつかが、開けっ放しにした窓から春の風とともに入り込んできた。

この旅を始めようと思ったときも、確か桜が咲いていた。あれからもう二年も経つのか。早いものである。ソファに寝転びながら何をするでもなく、インターネット上での投稿を眺めていると、ふとひとつの情報が目に入ってきた。

「最近、東チベットの甘孜で騒乱が起きたようです。その影響で、ラルンガルのある色達《セルタ》は今朝までネットが全て遮断されていたとのこと。状況はほとんど分かりませんが、外国人の立ち入りが制限されている可能性大ですので、近いうちにこのエリアに行こうと考えている人は要注意です。」

それを見たとき、心のなかで静かに波紋が広がるのを感じた。

時が来たのかもしれない。

私は最後の旅に出ることにした。

日本から飛行機で中国四川省の成都へ向かった。そこからバスに乗り、色達の街を目指す。成都の街中を過ぎると濃い緑の森が続き、その先に険しい山々が立ちはだかるように現れる。車は吸い込まれるように山の中腹のトンネルに入っていった。トンネルを抜けるとそれまで排気ガスなどで灰色に霞んでいた空気は消え、遠くまで見渡せた。徐々に標高が上がり、標高二〇〇〇メートルを超えるとあたりは森林がなくなり岩山になる。道は狭くなっていくが、バスはスピードを落とすことなく突き進んで行った。馬爾康《マルカム》の街を過ぎると途端に田舎の風景となり、チベット色が強くなっていく。石を積み重ねた三階建ての家、伝統衣装を着て馬に跨る人々、風にはためく五色のタルチョ。人々は大柄で彫りの深い顔をしている。

懐かしい。長い旅の終わりに訪れたときと、何も変わっていない。しかし、記憶のなかの風景と微妙に違っているような感覚を受けた。それは、この数年の日々を通じて、自分自身のなかで何かが変わったからなのかもしれなかった。

およそ一二時間で色達の街に到着した。バスを降りそのまま前回訪れたときに泊まった宿に向かったが、数年の間に建造物が増えたために様子が変わってしまい、なかなか見つけることができなかった。しばらく歩き回った末に何とか見つけ出すことができたが、結局、泊まることはできなかった。私が外国人であることがわかった瞬間に宿泊を断られてしまった。

前回この宿に泊まったとき、部屋まで公安に尾行され荷物をすべて荒らされたことがあった。私はちょうどそのとき、知り合ったチベット人からダライ・ラマ一四世の説法のDVDを渡され、かばんに入れて持っていた。中国政府はダライ・ラマ一四世をチベット族の指導者と認めておらず、音声や画像などを持つことは禁止されている。公安たちが部屋の荷物を確認している間、私はそっとDVDを取り出し、見つからないように隠したのだった。公安に連行される途中にそれを人に託し、公安の建物に入って尋問される前になんとか手放すことができたのだが、あのときのひりひりとした緊張感はいまでも痛烈に覚えている。宿はチベット族が経営しており、もしかしたら私が連行されたあと、以降は外国人を泊めないようにと公安から厳しく注意を受けたのかもしれない。仕方なく、近くに他の宿を見つけ、泊まることにした。

私は色達の近くの丘陵地にあるラルンガルに向かうつもりであった。そこはチベット族と中国政府の軋轢の象徴のような場所である。

中国政府はチベット侵攻後、チベット内で数々の寺院を焼き払い仏像を破壊してきた。チベット族に対する弾圧は厳しく、多くの人々が亡命することとなった。一部のチベット族は悲観しながらもチベット内に留まったが、寺院の破壊はとどまることはなかった。

やがてひとりの高僧がチベット内ではもはや純粋なチベット仏教を再興することはできな

いと考え、チベット族が呼ぶところのカム地方、中国が定めるところのチベット自治区に接する四川省のこの地域にやってきて、説法を説くようになった。それを聞きつけた僧たちが集まり、数が徐々に増えていった。僧院が建てられ、僧たちが寝泊まりする僧房が増えていった。やがて初めは何もない丘でしかなかった場所に、いくつかの僧院を中心とした巨大なチベット仏教の街ができあがった。それがラルンガルであった。丘にびっしりと隙間なく立ち並ぶ僧房の数は一万五千戸を超える。

私がかつて長い旅の途中に訪れたときは、ラルンガル周辺では中国政府のチベット族に対する弾圧に反対する僧による焼身自殺が相次ぎ、公安のチベット族に対する締め付けが厳しかった。立ち並ぶ僧房の一部が重機によって強制的に破壊され、焼き払われていたのも目にした。

あのとき、私はそれまで世界各地を旅しながらずっと探し続けていたものを見つけたような気がした。それは一言で言えば、純粋性と呼べばいいのだろうか。祈りという根源的な行為のために人が集まり、道ができ、空間が作られていく。この地では目に入るすべてのものや行為が、祈りに繋がっていた。

しかし、祈りの世界には公安による暴力というまるで正反対のものが待ち受けていた。そして最後、緊張を強いられる旅に疲れ果て、東チベットの外に出るために検問所に差し掛かったとき、パンツォが殴られる瞬間に出会ったのであった。そしてその出来事は私に長い旅の終わりをもたらした。

ここはいわば、終わりが始まった場所だった。

外で食事を済ませて宿に戻ってくると、宿のスタッフがラルンガルには行かないほうがいいと忠告をしてきた。私は彼女にラルンガルに行くとは一言も言っていなかったが、それとなく感じ取ったのかもしれない。

彼女の話によると、公安の警戒が特に厳しくなっているとのことだった。この数週間、外国人は一切ラルンガルに入れなかったという。入り口近くに検問所があり、実際に宿泊客の何人かが追い返されて帰ってきていた。事前に日本で見かけた情報は正しかったようである。

しかし、他の選択肢などなかった。私はラルンガルを訪れずにこの旅を終えるつもりはなかった。翌日、とりあえず行ってみて入れなかったら裏山を歩いて越えて行けばいい。まさか道も何もない丘を警戒しているとは思えない。なかに入ってしまえば、あとはなんとでもなるだろう。

夜、この二年近く、何度も高地を行ったり来たりして歩き回っていたのに、これまでで一番きつい高山病の症状が出た。頭がふらふらし、ぼぉっとする。呼吸も苦しい。移動中の水分補給が足りなかったのかもしれない。もしかしたら緊張しているのかもしれなかった。

翌朝、乗り合いの車でラルンガルに向かった。最後部の席の端に座り、荷物を抱えて顔を隠すようにした。検問所があったら顔を伏せて寝たふりをしてやり過ごすつもりだった。

車内では何も話さず、外国人であることがわからないように気をつけた。黙ってさえいれば中国人に思われるか、チベット族に思われるか、そのどちらかである。別にどちらに思われようとも構わない。

色達の街を出るとヤクを放牧する人々が暮らす天幕が草原に点在していた。突き出た煙突から白い煙が細い線となって空に上っていた。

やがて車は幹線道路を逸れ、小高い丘に挟まれた細い道を走った。あともうすぐでラルンガルに到着する。検問所があるとすればそろそろだろう。私は身構えた。

車はゆっくりと折り重なる丘の奥へと進んでいくが、なかなか検問所は見えない。そうこうするうちに、車はするするとラルンガルの入り口の門のところに到着し、乗客たちは車から降りた。私もあたりを警戒しながら外に出たが、特にそれらしい検問所があるわけではなく、公安の姿も見当たらなかった。

不思議に思いながらも、この機会を逃すわけにはいかないと、私は目立たぬように巡礼者の列に紛れ込んで歩き始めた。

門がある麓から歩いて丘の上を目指す。標高四〇〇〇メートルほど。登りがずっと続き、息が切れる。この日は何か特別な法要があるのか、臙脂の袈裟を着た無数の僧たちで溢れかえっており、道はまるで臙脂の川のようになっていた。そのなかを泳ぐようにして丘の上を目指した。

途中、何度も休憩しながらいくつかのカーブを曲がると、眼前に無数の僧房が広がった。久しぶりの再訪である。何度訪れてもこの独特の光景には驚かされる。

小麦色の草原に覆われた丘が幾重にも重なり、その一部が密集する無数の僧房で臙脂色に染まっていた。

僧房はまるでそこに空間が存在することが罪だと言わんばかりに密接して建っている。どれも人がひとりかふたり住める程度の大きさで、手作業で建てられたものである。そのため傾いていたり、微妙にずれていたりする。

遠くからこの景色を眺めると、まるで焼けただれた皮膚から赤々とした内臓が露出しているように見える。臙脂の細胞が連なり、そのなかを血液のように僧たちが流れ歩いている。ひとりひとりの僧が運ぶのは酸素ではなく祈りである。

すり鉢状に広がるラルンガルの中心にはまさにこの地の心臓と呼ぶにふさわしい巨大な僧

院があり、僧たちが吸い込まれるように入っていっては吐き出されていく。この地は生きている。呼吸をしている。ここは祈りが生み出したひとつの生命体なのだということを実感する。

人々の心にある祈りのひとつひとつは目に見えないが、外部からの圧力により究極に抑圧されると、ある瞬間、目に見える形となって大地に露出する。それがラルンガルという場所なのだった。

この壮大な臙脂色の世界は幹線道路からは見ることができない。絶妙な角度で丘の死角になっている。それはこの地がチベットから逃れてきた人々が集まってできた場所だからなのかもしれない。

また僧房の連なりが途切れる場所は黒く爛《ただ》れていた。中国政府が強制的に僧房を撤去した跡である。数百近い建物が重機で壊され、火を放たれて焼け落ちていた。中国政府はチベット族が祈りのもとに集結するのを恐れていた。そのため、暴力を用いて祈りの大地を無に帰そうとしていた。また行方不明者を捜すための写真が貼られているのも多く見かけ、不穏な空気が祈りと共存している。

黒く爛れた箇所は、祈りと暴力がせめぎ合う境界線のように見えた。

赤い細胞の連なりの向こう側の丘の上空に、大きなハゲワシが何羽も旋回しているのが見えた。その下では鳥葬が行われているはずだった。

チベット文化圏では人が死ぬと、遺体を鳥に食べさせる。チベット仏教において肉体は人の存在を入れる容器のようなもので、死ぬと肉体は役割を終える。死体は鳥葬場で細かく刻まれ、ハゲワシの咽喉の奥へ連なる闇に消える。その他にも樹葬というものもあり、それは若くして死んだ子供などを籠に入れて樹に吊す。どちらにも言えるのは、自然に還すということである。

チベット仏教では肉体は大地の一部であり、その内部に「私」という精神の存在が格納されているとされる。死ぬと「私」は大いなる存在の一部に帰し、その人が積み重ねてきた業に基づいて、次の命に生まれ変わると信じられている。

死体は鳥が食べやすいように小さく切り刻まれる。頭部は金鎚で砕かれ、脳髄が飛び散る。一五分も経たないうちにひとりの人間が手際よく肉の欠片に変わる。

そのとき、地面に大量の血が滴る。そのため鳥葬が行われる場所はいつも血に濡れ、黒く湿っている。決して乾燥することのないその場所は絶えずじっとりとした血の匂いをあたりに発する。匂いは鼻孔から体内に入り込み、生あるものに死の存在を知らしめる。死の匂いはそれだけでは飽き足らず、足の指先や耳の裏、髪の毛の一本一本にまでまとわりつく。

私が初めて鳥葬を目にしたとき、人が切り刻まれる光景よりも匂いのほうが強烈だった。その日は宿に戻ったあと、体の隅々をいつまでも洗ったのを覚えている。

以前この地を訪れたときからの数年間。毎日途切れることなく、幾体もの死体が切り刻まれ、大地を血で湿らせてきた。

ラルンガルの大地には無数の人々の血が染み込んでいる。

翌日、朝から雨が降っていた。

私は何をするでもなく、雨の音を聞きながら過ごした。

昨晩はラルンガルの丘の頂上付近に投宿した。大きな法要があるために宿は遠方から来た僧たちで溢れており、数人の僧たちと相部屋になった。深夜に近い時間に同室の僧たちが法要を終えて部屋に戻ってきたのだが、心が高揚状態にあったのか、僧たちは一晩中読経を続けていた。そのため私はほとんど眠ることができなかった。

雨の音を聞いていると、耳の奥に残る読経の残響が少しずつ洗い流されていくようだった。

昼前、雨が小降りになったタイミングで出掛けた。

ラルンガルは祈りの場所だが、人々が生活する場所でもある。食堂があり、商店があり、茶屋がある。春も終わりに近いはずなのに気温は低く、吐く息は白い。まるで冬のようだった。私は小さな食堂に入り、温かいスープを注文した。

昼時のためか客は多く、満席に近かった。客の大半はチベット族の僧だったが、数人の漢民族の客も交ざっている。ここにはチベット族以外いないと思っていたので、少し意外であった。しばらくすると雨に濡れて薄汚れた格好をしたチベット族の少年が店のなかに入ってきて、客に金をせがみ始めた。客は誰も相手にせず、金を渡すことはなかった。すると、少年はテーブルに置きっ放しになっていた誰かの食べ残しを勝手に持っていき、店の入り口の階段近くに座って食べ始めた。それを見ていた漢民族の客のうちのひとりが、すっと手を上げ店員を呼んだ。私は身構えた。もしかしたら少年をきつく叱るのではないだろうかと思ったからだ。しかし、漢民族の男は肉入り饅頭をひとつ注文し、少年に渡すようにと言った。少年はそれを無言で受け取って食べた。

私はその様子を、不思議なものを見るような目で見守っていた。


店を出てしばらく歩いていると、日本人の旅行者らしき女性が歩いているのを見かけた。話しかけると、彼女は少し警戒した表情であったが、私が公安のものではなく、同じように日本人の旅行者だと知り、安心した様子になった。

彼女は日本を一週間ほど前に旅立ち、この地にやってきたという。これからユーラシア大陸を陸路で横断する予定で、冬になるまでにコーカサス地方まで行きたいということだった。

彼女が言うには、数日前まではやはりラルンガルには入ることができなかったらしい。日本を出て真っ先にこの地に来た彼女はラルンガルの入り口の検問所で追い返され、仕方なく色達の街の周辺を回っていたのだという。早く移動しなければコーカサス地方に寒くなるまでに辿り着かない。あまり時間的猶予はないが、それでも諦めることができず、最後にもう一度試してみようと訪れたら、すんなりなかに入れたのだという。我々は偶然、何かのタイミングでこの地に立てているようだった。

彼女が旅のルートを語るのを聞いていると、懐かしい気持ちになった。かつて私もそうだった。旅ですれ違う旅人に会えばお互いの旅路を話し、その後どこまで行くのかを語った。そうやって旅人たちは情報交換し、ひとときの時間を共有する。

数年前この地を訪れた私は、その後に何が待っているかを知らなかった。ラルンガルを訪れたあとパンツォに出会い、無機質な暴力と無抵抗の祈りの姿を目にした。祈りの心の深さ、暴力を生み出す冷徹な心。三年近く旅をしてきて一度も出会うことのなかった両極端の心に触れ、私の心は大きく揺さぶられた。

そして、旅を続けても、もうそれ以上の心の振幅を与えてくれる出会いはないだろうと悟り、旅を終える決意をした。それまで旅の終わらせ方がわからず、夜も眠れず胃が軋むほどに思い悩んでいた私は、そこで一気に解放されたのを覚えている。そして、その数週間後には日本に戻った。

この地は彼女にとっても、何かしらを与える場所になるのだろうか。まだ日本の空気を漂わせている初々しい旅人に、かつての自分を見たような気がした。


夕方、地面から雨の匂いが立ち上り、冷たく湿った空気が身を包んだ。気温はぐっと下がり、寒さが体を締め付けた。

道端では無数のタルチョが雨で重く濡れていた。どこかから読経の声が聞こえていた。すれ違う尼僧が傘もささずに歩く私を不審そうに見つめてきた。私がチベット族なのか、それとも漢民族なのかわからないのだろう。すれ違ったあとも、背中に向けられる視線を感じた。

僧房に挟まれた迷路のような小道を抜け、瞑想するために作られた小さな小屋が集まるエリアを脇に見て、上へ上へと歩いた。雨は弱くなってきているが、それでも着ている服を濡らすには十分である。濡れた服が体を重くした。時折、野犬がものすごい勢いで吠えてきたが、無視して歩き続けた。

気がつけば、あたりで一番高い丘の上に立っていた。

あたりは徐々に暮れつつあった。眼下に広がる僧房の連なりを眺めた。ラルンガルの景色は臙脂色から徐々に藍色に変わろうとしていた。夕食の用意をしているのか、それとも湯を沸かしているのだろうか。僧房から伸びる煙突から無数の煙の筋が立ち上っていた。

旅が終わろうとしている。

翌日にはあの検問所に向かう。

私はかつてこの地を訪れたときの出来事を思い出し、またこの二年の間にしてきたコルラの旅のことを考えた。多くの人々に出会い、時間を共有してきた。彼らはみな大地とともに生きていた。喜びも、悲しみも、怒りも、憂いも、すべて大地とともにあった。そのときどきに感じてきた心の流れが思い出された。

すると、その記憶に呼応するかのように、臙脂色の世界のなかでひとつ、またひとつと僧房に明かりが灯されていった。そのたびに小さな窓から白熱灯の光が漏れ出た。それは風景のなかで小さな点となり、徐々に数が増えていった。明かりの下ではさまざまな人が生活をしており、ものを想い、祈っているのだろう。

その様子を眺めていると、ふとひとつの光景が思い出された。

それはこの旅の始まりの頃、スピティ谷で見た砂曼荼羅だった。

砂曼荼羅は山間部の小さな村にある僧院で見たものだった。

荒々しい表情をした忿怒《ふんぬ》尊や守護尊、恍惚の表情の菩薩の像などに囲まれながら、僧たちが古い本堂の真んなかで砂を用いて曼荼羅を描いていた。砂のひとつひとつは自然界にある岩石を砕いてつくられたもので、炎を表す赤、大地を表す黄、水を表す青、空間を表す白、植物を表す緑の五色が基調となっている。

僧たちは極彩色の砂を用いて少しずつ図形を描いていた。何もない黒い台の上に、先の細くなった鉛筆のような形をした道具を使って砂を落としていく。点が生まれ、線が生まれ、円が生まれる。少しずつ、本当に少しずつ、図柄が浮かび上がってくる。一度間違えればすべてが崩れてしまう。僧たちは息を潜め、まさに砂を一粒一粒丁寧に置いていっていると表現するのにふさわしいほどの慎重さで作業を続けた。その様子を数日間通って眺めた。

その場でずっと見ていると作業はまったく進んでいないようだが、夕方に僧院を出て、翌日に戻ってくると、そこに確かに何かしらの文様が浮かび上がってきているのがわかった。輪郭が生まれ、形に意味が与えられていく。打ち寄せる波が海岸線に横たわる岩を徐々に侵食し、膨大な時間をかけて丸みを与えていくかのように、円形の曼荼羅が徐々に浮かび上がっていく。

それはまるで世界が創造されていく瞬間を見ているかのようであったのを覚えている。

五日目の朝、砂曼荼羅は完成した。

完全な円のなかで緻密に絡み合う線と線。極彩色で彩られた幾何学文様。それはカーラチャクラと呼ばれる、時輪を象徴する曼荼羅であった。

僧院の窓から朝日が差し込み、堂内には黄金色の光が充満していた。光はまるでそれぞれの砂を包み込むようにきらきらと輝き、極彩色の文様を朝の空気のなかに浮かび上がらせた。

朝日に照らされた曼荼羅は抽象と具象が複雑に入り組んでいた。具象を見ていたかと思えば抽象に移り変わったり、抽象を捉えたかと思えばそれは具象だったりした。慈愛に満ちながらも冷徹でもあり、秩序でありながら混沌でもあった。そこには境界線は存在せず、すべての意味が重なり合っていた。

その側で僧たちが手に金剛杵を持ち、真言を口にしていた。何人かの僧が角の生えた獣の仮面を被り、曼荼羅のまわりを舞った。大太鼓が打ち鳴らされ、龍の咆哮が空気を震わせた。本堂のなかは曼荼羅を中心に回転していった。

私は外周に立ちながら、時空を表すその図形を覗き込んだ。そこには世界のあり方が示され、人の心の流れが表されていた。曼荼羅の文様は世界の真理の形であり、人の心の形であることを知った。

そのときの砂曼荼羅の砂の一粒一粒が、ラルンガルの僧坊の連なりのなかに灯る光の数々と重なった。

ひとつひとつの光の下にはそこで生きる人々がいる。微笑む人々、愛する人々、憎む人々、祈る人々。無数の人々の心の動きが窓に灯り、それぞれの「いま」が明滅していた。それがひとつの曼荼羅に見えたのだった。

この旅を始めたとき、ダラムサラで曼荼羅を描く職人の育成所を訪れた。あのとき、彼らはひとつひとつ点を積み重ねていた。全体を見るのではなく、点だけを見て、曼荼羅を描いていた。それが連なり線となり、やがて線と線が絡まりひとつの世界が構成されていった。

私はあのとき、まだ曼荼羅が持つ意味を理解していなかった。しかし、いまならわかるような気がする。彼らは点を積み重ねることによって、「いま」を積み重ねていたのだ。

そうやって人はみな「いま」を積み重ね、自分だけの曼荼羅を描き続けている。もし「いま」を否定してしまうと、曼荼羅は不完全な形になってしまう。

検問所で公安による理由なき暴力に出会ったとき、パンツォはじっと抵抗せず、うずくまっていた。あのとき、私はなぜ彼らチベット族はそこまで強くいられるのかがわからなかった。しかし、いまなら少しだけわかるような気がする。あのときパンツォは「いま」を積み重ねていたのだ。そうやって自分だけの曼荼羅を描き続けていた。だからこそ、彼は無言を貫き強くいられた。そして、その様子が私には祈りの姿に見えたのだった。

同時に、そのとき感じた自身の弱さを認めることをしなかった私は、不完全な曼荼羅を描くことになり、喪失感を抱えることになってしまった。

スピティ谷で見た砂曼荼羅は祈りが捧げられたあと、崩された。一瞬にして幾何学的な文様は壊れ、意味が消え去った。曼荼羅を構成していた無数の砂が一箇所に集められ混ざりあったとき、砂はそれまでの極彩色が消え去り灰色一色になった。そこには白もなく、青もなく、赤もなければ黄も緑もない。限りなく特徴のない灰色だけがあった。それは遺灰のように見えたのを覚えている。

そして砂は、そこに込められた祈りとともに自然に還された。

一粒一粒が風に乗り、川の水に流され、祈りとともに世界へと届けられる。

我々はいつか大地に還る。そのときはみな同じ漠とした灰色をしているのかもしれない。

そう考えると、私がこれまでコルラの旅のなかで見てきた境界線はすべて意味を持たないような気がした。物質社会と祈りの世界。グローバル化と伝統。中国とチベット。すべての境界線は初めから存在しないのかもしれない。

あのとき、目的地の街に到着し、パンツォと私は車を降りた。

向かい合い、私は何かを伝えなければならないと思いながらも、何も言葉を発することができなかった。目の前に立つパンツォの顔は青黒く腫れ上がっているのにもかかわらず、裏表のない爽やかな笑顔が浮かんでいた。その表情を前に、私の胸は複雑な思いで苦しいほどに膨れ上がっていた。しかし、何かを伝えようとすればするほど、喉は詰まり、何も言葉が出てこなかった。

ずっと無言のまま体を震わす私の様子を気遣って、パンツォは屈託のない表情で「僕は大丈夫だよ。心配かけたね」と言った。

私はその透明な瞳を見つめ返すだけで精一杯で、結局、パンツォに何も伝えることができなかった。私にできたことと言えば、ノートの切れ端に「我愛西蔵人（私はチベット人が好きです）」という言葉を書きなぐり、渡すことくらいだった。

私はあのとき、パンツォに何を伝えようとしていたのだろうか。

「ありがとう」

きっとその一言を、私は心の最も深いところから拾い上げようとしていたのかもしれないと、いまとなって思う。

それはあのときの言葉でもあり、いまの言葉でもあるかもしれなかった。

私は丘の上に立ち、空を眺めた。風が吹き、雲が揺れ動いた。

わずかばかりの雲の隙間から、一瞬だけ、月が見えた。それはまるで、空に浮かぶ巨大な瞳のようだった。

やがて雪が降ってきた。雪は僧坊の隙間に入り込み、境界線を埋めていった。

私の記憶にある血に染まった雪が、少しずつ白く塗り替えられていった。

翌日、山の稜線が雪で真っ白になり、冷えた空気が雲海になって眼下に広がっていた。

私は分厚い雲を通り抜け、丘を降りた。

車に乗り、検問所へと向かった。

窓を開け、風を感じた。

私の心は凪いでいた。

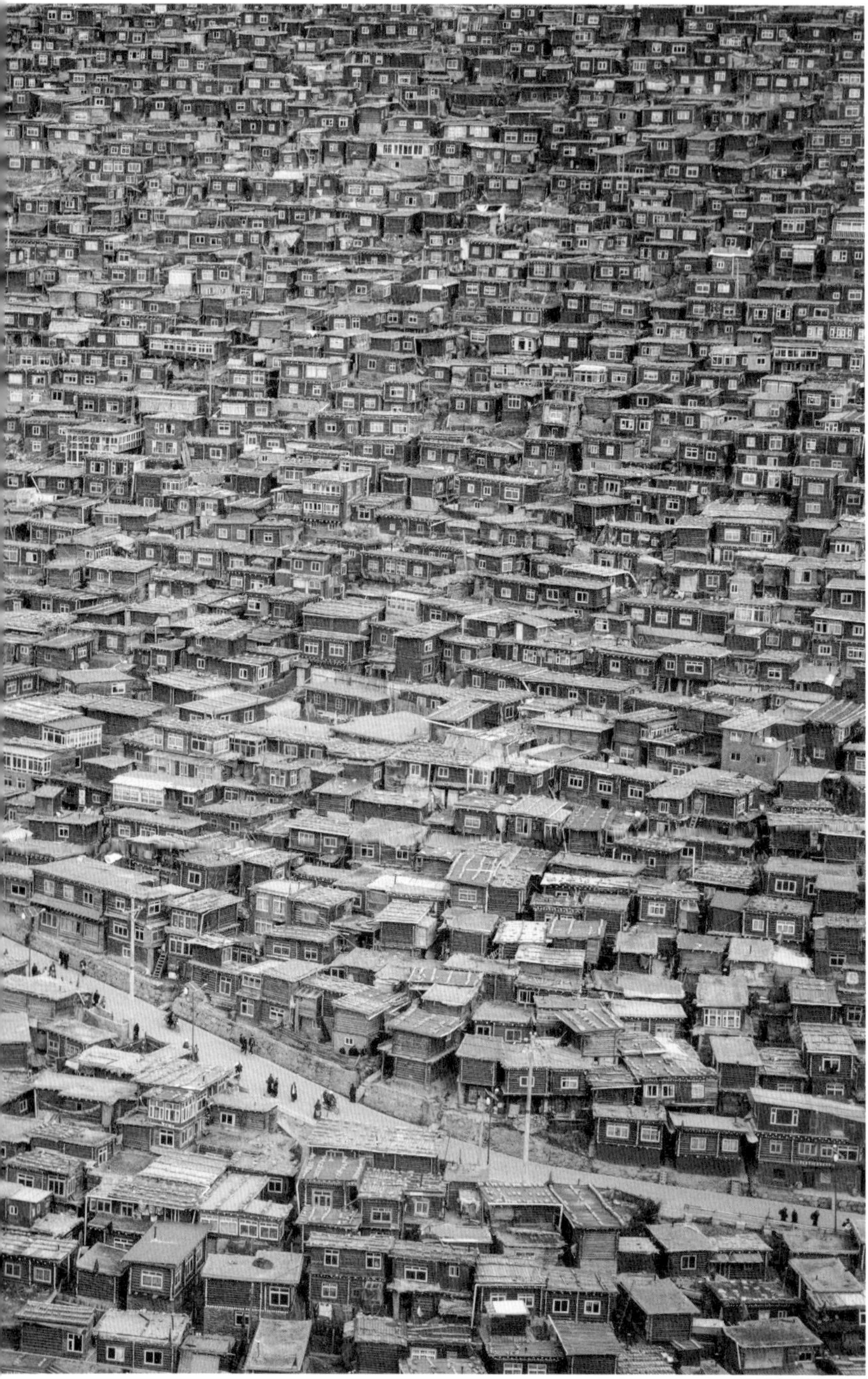

終章

季節は巡る

車窓の風景は穏やかだった。

緑の山々が重なり合い、雪解け水が大地に潤いを与えていた。自然に埋もれるように木造の家が点在し、あたりを歩く人々もどことなくゆっくり動いているように感じられた。渓谷を抜けるたびに川幅は広くなっていき、水量が増えていく。標高は段々と下がっていき、吸い込む空気が新鮮で濃い。

眠っていた細胞が体の隅々で目覚めていく感覚がする。

冠雪した山は遠慮気味にその輪郭を空に描くのみで、険しい雪山がまとう偉容のようなものはなくなっていった。

雪の世界が遠く感じられた。


数時間走ると、車は丹巴《ダンバ》に到着した。

小金川、大金川、東谷川、格什扎川の四つの川が合流して大渡河へと名前を変える場所に街はある。川と山に挟まれた小さな土地に無数の建物が立ち並ぶ。地域色のようなものはなく、中国のどこにでもあるような地方の小さな街である。小腹が空き、小さな食堂で麺をする。人々の表情は穏やかで、旅人に優しかった。

食堂を出て川の下流側へと歩いていくと対岸へ渡る橋があり、近くにいくつかの乗り合いタクシーが止まっていた。そのうちの一台に乗り込み、西へ一〇キロほどのところにある甲居蔵寨（甲居《ジアジュ》というチベット族の村）へ向かった。

その村は数年前、ラルンガルのあとに訪れるはずだった。しかし、パンツォに出会い、旅を終える決意をした私には行く理由がなくなり、結局、訪れなかったのだった。

車は曲がりくねる山道を軋んだ音をたてながら進む。谷底を流れる川は緑と碧を混ぜたような不思議な色をしていた。このあたりの大地に含まれる鉱石の色なのかもしれない。光の加減や川の流れによって刻々と色が変化し、きらきらと光を反射させる宝石を眺めているようであった。

村は険しい崖の上に位置していた。車は渓谷の底から急な坂道を登っていく。下から見ると村は見えず、空しか見えない。車はまるで青い空に浮かぶ雲を目指して登っていくようだった。少しずつ空が近づき、吸い込まれるようである。

気温は高く、日差しが強い。空気は乾燥しており、開放感がある。汗はすぐさま消えてなくなった。

やがて目の前の視界が開けた。見下ろす渓谷は雄大で、斜面に木々が生い茂っていた。標高二二〇〇メートル。それまで訪れていた高地にはない緑豊かな森に命の息吹を感じ、穏やかな気持ちになった。

森の木々に埋もれるようにいくつかの白い家々が立ち並んでいるのが見えた。集落は斜面に沿って高いところから低いところまで点在しており、さらには、向かいの山の斜面にも別の集落があるようであった。渓谷が屹立《きつりつ》しすぎているため、川を挟んで反対側の集落へ行くとなると大きく遠回りする必要がある。それらの集落の大半は道路で繋がっておらず、歩いて登っていかなければならないようだった。

集落に入り、歩く。人がひとり歩けるほどの小道が集落内に幾筋か広がっており、一歩踏み出すたびに土の匂いが湧き上がった。

村は静かで、村人の大半は畑作業をしに行っているようだった。木材と岩を積み重ねて建てられた家屋を覗くと、いま割られたばかりのような切り口を見せる薪がうず高く積まれ、家の扉が開け放たれていた。竈の炭が燻っているところもあり、そこに暮らす家族の息遣いが聞こえてきそうであった。

小道をあてもなく歩いていると、古い小さなお堂があった。

一周歩いて数分ほどだろうか。お堂のまわりにはマニ車がずらりと並んでいた。マニ車は三〇センチほどの筒状になっており、取手部分の木は長年多くの人に廻されてきたためすり減り、滑らかになっていた。

お堂の入り口は太い木の棒で閉ざされ家畜などが潜り込まないようになっていたが、いくつかの棒が外されており、なかに入れるようになっていた。

誘われるように隙間からなかに入り、古びたマニ車を眺めた。

これまでチベット文化圏で何度も見てきたマニ車。スピティ谷のキー僧院でも、ムスタンのツァーラン僧院でも、ザンスカールのストンデ僧院でも、私はその時々の思いとともにマニ車を廻してきた。そのときの記憶が遠くに感じられた。

そういえば、このラルンガルを巡る四川省の旅ではまだ一度もマニ車を廻していなかった。私はお堂の外周をコルラすることにした。一番手前にあるマニ車に手を伸ばし、時計回りに歩き始めようとした。

その瞬間、誰もいないと思っていたお堂の裏側から、突然人が現れた。

その男性は姿格好から漢民族のようで、マニ車を廻しながらこちらに歩いてきた。しかし、回転のさせ方が時計回りではなく、反時計回りだった。そして、お堂を廻る方向も逆である。

私は男性がチベット仏教圏では時計回りに廻らなければならないことを知らないのだろうと思い、身振り手振りでそのことを伝えようとした。しかし、男性はこれで正しいのだと言って譲らない。それでも私はもう一度伝えようとした。すると、男性の後ろから伝統衣装に身を包んだチベット族の女性が現れ、「これであっているのよ」と私に言った。彼女は「ここをよく見て」と言ってマニ車の取手部分を指すと、確かに反時計回りのときに摑む箇所が摩耗して手垢で黒ずんでいる。

そして女性は、私に反時計回りで廻るように穏やかな表情で勧めた。

私は彼らの言うとおり、反時計回りでお堂を廻った。

一周して元の場所に戻ってくると、あたりをどれだけ見渡しても彼らの姿は見当たらなかった。


木々の合間にかけられたタルチョが、風にはためいていた。

足元で影となった風の馬が、木漏れ日にまぎれて揺れた。

私は長い旅がようやく終わったことを知った。


山を下りる道を歩きながら、風に向かって手を大きく広げた。

自然と笑みがこぼれた。

谷を駆け抜ける風は、夏の匂いがした。

あとがき

青い風

この本を書き上げるのに、随分と長い月日を費やした。

書き始めるにあたり、この旅は私に何をもたらしたのだろうかと考えていたが、「祈りとは何なのか?」という、これまでほとんどの人が明確に答えることができず、また本当に答えがあるのかどうかわからないような問題を掲げてしまったのが間違いであった。私は書き始めて早々に何を伝えればいいのかがわからなくなり、なかなか筆を進めることができなかったのだ。

そこで一度、すべてを白紙にしてみて、旅の日記を読み直し、写真を見つめ直し、そこから一言ずつ言葉を拾い上げて積み重ねることにした。するとひとつひとつの言葉は点となり、それらが連なって線となっていった。そして最終的にそれは『ルンタ』というひとつの物語となり、円となって完結した。

それは砂をひとつひとつ集め、曼荼羅を築きあげていくような作業だったように感じている。そして最後に「ありがとう」という言葉を自分のなかに見出したとき、欠けていた最後のパーツが揃い、ひとつの曼荼羅が完成したような気がしている。

あとはこの本に込められた私の想いが風に乗り、この世界の隅々とは言わないが、ほんの片隅でもいいので、どこかに届けばいいと思っているところである。

本作は、旅の記録をまとめた写真集『Kor La』（小学館）と対になるものである。同時に、二〇一〇年から二〇一二年にわたる旅の軌跡をまとめた旅行記『The Songlines』（小学館）の続編ということになる。前作の終わりが、本作の始まりとなっている。

この本を書き上げることにより『The Songlines』から続く長い旅が終わることになる。三〇代の一〇年間、私はほとんどの時間を旅することに費やした。私が何故これほどに旅の世界に身をおいてきたかという理由は、四〇代になったいま何となくわかっているつもりである。恐らく、私は「生きている」という実感を得たかったのだと思う。そのためにただひたすら旅をしてきた。

私の職業は写真家である。私は写真を撮るとき、気をつけていることがひとつだけある。それは自分自身の心の水面を意識することである。心を凪いだ状態にし、そこに広がる波紋を見つめる。そしてその形を写真に収める。

本書のなかで、祈りとは「私はいまこの瞬間、確かに心の流れを感じ、生きている。そのステートメント」なのではないかということを書いた。そういった意味で、『Kor La』と対になる『ルンタ』は、写真と文章の違いはあるが、どちらも心の流れを確かに感じ、生きてきたという自身の存在証明であると思っている。

東チベットの小さな街でパンツォに対峙し、その屈託のない笑顔を見たとき、言葉では言い表すことのできない多くの心の流れを感じた。それは流れというよりは溢れ出す洪水のようだったというほうが正しいかもしれない。心の流れこそが自身の存在証明でありステートメントであるとするならば、そのとき、その表情を、私の心の内を、写真家である私は写真に定着させなければならなかった。しかし、私にはそれができなかった。あの瞬間に存在したある種の純粋性は、写真で捉えきれないと無意識に思ったのだ。私は祈りの意味を知らない。そのために、パンツォの祈りを体現した表情を捉えることができない。そう感じたのだ。私が長い旅を終えたあと、喪失感を感じ続けていた理由はここにある。そして、あの無力感は私をコルラの旅へと向かわせた。

コルラの旅を通じて、私は少しずつ過去を理解し、向かい合い、整理していった。そして最後、検問所を抜けた。そのときに出てきた「ありがとう」という言葉。その言葉に辿り着いたとき、私はようやく、パンツォの表情にカメラを向けることができるような気がした。そこに写し出される写真には、きっとパンツォの祈りがあり、私にとっての祈りの意味が写るのだろうと思う。

何かいろいろと言い訳や補足、伝えきれなかったことをここに書こうかと思ったが、やめにした。あれほどまでに心のなかにわだかまっていたものは、書き終えたいまとなっては跡形もなく消えてしまった。書くべきことはもうないということを、こうやってここに文章を書きながら感じている。

話は大きく変わるが、私はこの原稿の大半を波の音を聞きながら書き上げた。

チベット文化圏の乾いた風や、薄い空気は遥か彼方。海の湿気を存分に吸った瑞々しい空気が呼吸のたびに体内に流れ込み、肺を膨らます。それはキリキリとした痛みを伴わず、私の体に潤いを与えてくれる。

この文章を書いているいまも、海を眺めている。

昨夜のスコールによって洗われて緑に輝くヤシの葉が揺れ、その向こうに海面が波打っている。東からの風は湿り気を帯び、雨の予感を孕んでいる。

波が打ち寄せ、砕ける。

それが繰り返されている。

コルラの旅を終えるのとほぼ同時に、私は南太平洋に浮かぶ小さな島国に頻繁に通うようになった。訪れるたびに滞在期間は長くなっていき、いまでは一年の半分弱の時間を過ごしている。

これまでずっと旅をし続け、漂い続けてきた私が、なぜ一箇所にこれほどまで長く留まるようになったのかと理由を問われれば、やはり、コルラの旅を終えたことが大きかったと思う。コルラの旅を通じて写真を撮り、文章を綴ることによって、少しずつ私のなかで何かが流れ去り、心の淀みがなくなっていった。私の想いは、風の馬に乗って世界の隅々に運ばれたのだろうと思っている。

気がつけば、私は旅をする理由を失っていた。

これから先、私はどこへ向かうのか。

それはこの島を駆ける、青い風が知っているのだろう。

二〇一九年一二月　クック諸島　ラロトンガ島にて

本来ならここで終わるのだが、少しだけ続けさせてもらいたい。

クック諸島で書いたあとがきの文章から、ここに綴る文章までの余白には大きな隔たりがある。

この期間、世界は大きく変わってしまった。

日常が非日常となり、非日常が日常となった。

二〇二〇年春の出来事。そう書くだけで、その理由は語るまでもないだろう。

世界は分断され、人と人は隔離されていった。私にできることといえば、ただその様子をじっと眺めることだけだった。それはこれまでずっと旅を続けてきた私にとってとても苦しい日々だったが、私だけでなく、世界中の多くの人々が同じように不自由な日々を強いられたと思う。しかし、ふとしたとき、その状況に悲観ばかりするのではなく、前に向かって何かをしなければと感じた。そして私は長く書き綴ってきた『ルンタ』をウェブ上で公開することにしたのだった。

自粛期間が続くなかで、この物語を多くの人と共有し、少しでも前へと向かう気持ちを持ってもらいたいということもあったが、何より、私自身が分断されていく世界において、何かしら社会や人との繋がりを持っていたかったという想いがあった。

不安定な時代において、世界や人との間に生じた隔たりの隙間を『ルンタ』が駆け、繋げる役割を担うことを願っている。

自粛期間中のある日、自宅の外に出た。

私はひとり、空を眺めた。

桜の花びらが、風に舞っていた。

二〇二〇年一〇月　雨上がりの鎌倉にて

本書は2020年4月6日から5月2日にかけて
noteで配信したものに、加筆・修正したものです。

【参考文献】
『チベット旅行記』河口慧海（講談社学術文庫）

【地図】
Alamy（カバー裏）
University of Texas Library（本文中）

竹沢うるま

1977年生まれ。写真家

同志社大学法学部法律学科卒業。在学中、アメリカに一年滞在し、独学で写真を学ぶ。

2004年独立。写真家としての活動を本格的に開始。これまで訪れた国と地域は150を超す。

2010年〜2012年にかけて、1021日103カ国を巡る旅を敢行し、
写真集『Walkabout』（小学館）と、対になる旅行記『The Songlines』（小学館）を発表。

その後、写真集『Kor La』（小学館）をまとめた。

2014年には第3回日経ナショナル ジオグラフィック写真賞グランプリ受賞。

2015年に開催されたニューヨークでの個展は多くのメディアに取り上げられ現地で評価される
など、国内外で写真集や写真展を通じて作品発表をしている。

＊うるまは沖縄の方言で珊瑚の島という意味

ルンタ

2021年1月2日　初版第1刷発行

著者　竹沢うるま
発行人　青山明子
発行所　株式会社 小学館
〒101-8001
東京都千代田区一ツ橋2-3-1
編集　03-3230-5415
販売　03-5281-3555
印刷所　文化堂印刷株式会社
製本所　株式会社若林製本工場

装幀・デザイン：井原靖章

写真：竹沢うるま

ISBN978-4-09-388799-1